Irmgard Wolf • Manfred Engelhardt
Rheinisches Winter- und Weihnachtsbuch

Irmgard Wolf
Manfred Engelhardt

Rheinisches Winter-
und Weihnachts-Buch

Brauchtum, Rezepte & Geschichten
von St. Martin bis Mariä Lichtmess

mit 4 Scherenschnitten von
Bärbel Grebert

Avlos

2., durchgesehene Auflage 2002
3.-7. Tsd.
© by *Avlos* Verlag Thomas Frahm, Köln / Duisburg 2000
Buchgestaltung und Satz: *Avlos* Verlag
Umschlag: *Avlos* Verlag

Gedruckt in Deutschland bei Plump, Rheinbreitbach

ISBN 3-929634-60-0

Inhalt

Vorwort der Autoren

oder: Wie dieses Buch entstand

Da war zuerst der Wunsch des Verlegers, ein „Weihnachtsbuch" heraus zu bringen. Aber rheinisch sollte es sein, hier zu Lande, hier zu Hause, von der Schwanenburg in Kleve die Rheinschiene entlang, von den behaglichen kleinen Städten und Dörfern über die lichtfunkelnden Metropolen Krefeld, Düsseldorf, Köln und Bonn bis zur Grenze von Rheinland-Pfalz, wo die rheinische Sprache einen anderen Klang bekommt.

Das war für die Autoren so etwas wie ein Wink mit Tannenzweig und Engelsflügeln, mit Sternen und Kronen. Das bedeutete Eintauchen in eigene und fremde Erinnerung und brachte viele Gespräche, die alle anfingen: „Bei uns zu Hause..."

Und genau das war es, was der Verlag mitteilen und weiter geben wollte: ein „zu Hause sein" in dieser globalisierten Zeit, ein Wiederfinden, das unabhängig ist von den Wechselfällen des politischen und wirtschaftlichen Tagesgeschehens, das still und unauffällig erhalten blieb und seine Kraft und Geltung behielt, weil die Menschen nicht ohne Wurzel leben können und einen Halt im Gestern suchen, in der Überlieferung, im Brauchtum.

Und das wiederum bedeutete für uns Autoren dann auch: Eintauchen in gelehrtere Gespräche, in Museen, Bibliotheken, Stadtarchive in Bonn, Düsseldorf und Kevelaer, Stöbern in dem reich bestückten Amt für Volkskunde und erlaubte Anleihen bei der Wissenschaft.

Ganz unversehens wurde der Horizont der Weihnacht in dem Gespräch zwischen Verleger und Autoren weiter und weiter. Was fehlte, so erschien es uns, war nicht ein weiteres Weihnachtsbuch, sondern eines, das den ganzen Jahrhunderte alten Winterfestekreis von St. Martin im November bis Lichtmess im Februar einschloss.

Arbeit brachte Arbeitsteilung: Irmgard Wolf schrieb Erinnerungen, Erzählungen und Interviews, blätterte in Kochbüchern nach Rezepten der rheinischen Weihnachtszeit und fand in brüchigen alten Zeitungsbänden, wie anno dazumal gefeiert wurde.

Manfred Engelhardt trug die Hauptlast der sachlichen Recherchen und Berichte und wachte darüber, dass auch die Neuzeit nicht zu kurz kam.

Dass bereits nach vier Wochen die gesamte 1. Auflage von 2000 Exemplaren im „Versuchsraum" Bonn vergriffen war, zeigt, dass wir nicht nur richtig lagen mit unserer Einschätzung, dass unsere Buchidee auf ein tiefes Bedürfnis des mit dem Rheinland verbundenen Lesers treffen könnte, sondern auch, dass ein vergleichbares Buch offenbar sonst nicht im Handel greifbar ist. Vergleichbares gilt für den übrigen Teil des Jahres zwischen Karneval und Erntedank, so dass wir auch für diese Periode ein Manuskript vorbereitet haben, das noch vor Weihnachten erscheinen wird.

Für die vielen, die dieses Buch im vergangenen Jahr nicht mehr haben bekommen können, legen wir hiermit die 2., leicht korrigierte, ansonsten aber unveränderte Auflage vor.

Hinweisen möchten wir auf die neuen Kalenderblätter, die das Werk der Bonner Künstlerin Bärbel Grebert sind. Der Scherenschnitt ist eine im Rheinland sehr beliebte Volkskunst gewesen, und so erschien es Autoren und Verlag eine schöne Bereicherung zu sein, unser rheinisches Winter- und Weihnachtsbuch auf diese Weise noch ein bisschen rheinischer zu machen.

Unser Dank gilt nicht zuletzt Manfred van Rey. Der Bonner Stadtarchivar erwies sich bei der Buchvorstellung 2001 nicht nur als brillanter Conférencier, sondern überraschte die Gäste im Haus an der Redoute auch mit einem kleinen „Printengeheimnis", das wir unseren Lesern unmöglich vorenthalten können. Sie finden es auf den Seiten 41 und 42.

Bonn, im Herbst 2002   Irmgard Wolf
Düsseldorf, im Herbst 2002   Manfred Engelhardt

Kalenderblatt November

Bauernregeln beruhen auf Erfahrung und Naturbeobachtung. Sie sind oft mit den Gedenktagen volkstümlicher Heiliger in Verbindung und in Reimform gebracht, so dass sie gut zu behalten und weiter zu geben sind. Wie ja überhaupt Gereimtes beim Volk leichter angenommen wird und schon wegen dieser Form als Weisheit gilt.

Die Tage, die eine Wetterbestimmung enthalten, werden *Lostage* genannt. An diesen Tagen fällt das Los für den nächsten Zeitraum. Insgesamt sind in Deutschland etwa 80 Lostage im Jahresverlauf bekannt, die von Nord nach Süd, von West nach Ost verschieden formuliert werden, jedoch inhaltlich verwandt sind.

Bauernregeln

Steigt das Wasser im November,
so geschieht das auch alle Wintermonate,
und eine reiche Getreideernte steht in Aussicht.

Wie der November, so der künftige Mai.

Wenn man an Martin auf dem Eise steht,
Man zu Weihnachten im Modder geht.

An Martini Sonnenschein,
dann tritt ein kalter Winter ein.

Wenn an Martini Nebel sind,
dann wird der Winter meist gelind.

St. Martin will Feuer im Kamin.

Wenn es auf Katharina (25. November) schneit, gibt es einen
strengen Winter.

Mit rotem Mantel und goldenem Helm

„Den Merten halten"

Wenn St. Martin am Abend des 10. November durch die rheinischen Städte reitet, fängt der Winter an. Nicht nach dem Kalender, der vermeldet noch den Herbst. Aber die Kinder singen schon:

> *St. Martin, St. Martin,*
> *St. Martin ritt durch Schnee und Wind...*

und sie singen auch:

> *Im Schnee, da saß ein armer Mann...*

Sie feiern mit ihren Liedern den 18-jährigen römischen Gardeoffizier Martinus, der im Jahre 334 vor dem Stadttor von Amiens einem Bettler begegnete, welcher trotz des strengen Winters nur mit Lumpen bekleidet war. Der Reiter soll mit seinem Schwert den weiten roten Mantel geteilt, den Armen damit beschenkt haben und schnell davon geritten sein. In der folgenden Nacht soll Christus dem Martinus erschienen sein, gehüllt in den Mantelteil des Bettlers und gesprochen haben: „Martin, der noch nicht getauft ist, hat mich mit dem Mantel bekleidet." Der junge Gardeoffizier gab den Militärdienst auf und trat in den Dienst Christi. Seine Tat aber blieb über mehr als 1650 Jahre im Gedächtnis der Menschen erhalten.

Ein guter Grund also, seiner zu gedenken, und ihn als Anfang aller winterlichen Feste und Bräuche im Kalender zu feiern.

Es ist noch nicht lange, dass St. Martin *in persona* durch die rheinischen Städte reitet. Früher wurden in Stadt und Land wohl Martinsfeuer angezündet und loderten rheinauf rheinab. Zu Anfang des 20. Jahrhunderts wurden die Martinsfeuer in den Städten vielfach verboten wegen der Brandgefahr. Der alte Brauch schien den neuen Feuersicherungsbestimmungen zum Opfer gefallen zu sein. Er hatte indes nur eine Wandlung und Erneuerung erfahren. Das Martinsbrauchtum im Rheinland geht Jahrhunderte zurück und ist besonders von Schülern und Studenten getragen worden, wie aus Düsseldorfer und Kölner Gymnasien und Studentenbursen überliefert ist. Bekanntlich sind Verbote immer eine wichtige historische Quelle. So findet sich eine Verordnung der kurfürstlichen Regierung vom Jahre 1781. Sie verbot der am Martinstag abends mit „Flambauen auf den Straßen herumlaufenden Stadtjugend", solche Fackeln zu tragen und damit gar auf die Kellertüren zu schlagen und sonstige Ausschweifungen zu begehen.

Aber die kurfürstliche Verordnung hatte keine sonderliche Wirkung. Werke der Düsseldorfer Maler, so des aus Bad Godesberg stammenden Künstlers Peter Schwingen aus den Jahren 1837 und 1849, zeigen Kinder, die mit Laternen durch die Straßen ziehen. Um die Mitte des 19. Jahrhunderts ist ein buntes Martinstreiben in Düsseldorf auf der Lindenallee und dem Allee-Plätzchen bezeugt, an dem auch besonders die Schulkinder beteiligt waren. Die Lehrer hielten sie mit einer großen Glocke zusammen. Hier liegt der Ursprung der späteren geordneten Umzüge. Sie konstituieren sich ab der zweiten Hälfte des 19. Jahrhunderts. In Krefeld sind schon 1870 größere Umzüge bestätigt. 1886 gab es in Düsseldorf schon einen Zug, dem der Heilige in Gestalt und Kleidung eines römischen Hauptmannes vorausritt. 1925 wurde hier die „Vereinigung der Freunde des Martinsfestes" gegründet, die den Zug organisierten, Absprachen mit der Polizei trafen – und die wirtschaftliche Werbung von dem Martinszug fernhielten. In den dreißiger Jahren sollte St. Martin Hoheitszeichen des Nationalsozialismus mit sich führen. Auch das konnte noch eben von der Vereinigung der Martinsfreunde verhindert werden. Aber die Martinszüge kamen – auch durch die Verdunkelungsmaßnahmen im Krieg – zum Erliegen.

Schon im ersten Nachkriegsjahr aber ging wieder ein Martinszug in Düsseldorf, während noch die Straßen in Trümmern lagen. Das damalige Amtsblatt schreibt: „St. Martin reitet."

Wenige Seiten weiter heißt es: „Brotversorgung zusammengebrochen. Es grenzt an ein Martinswunder, dass an diesem Tage 82.000 Kinder trotzdem beschert werden konnten. Sie erhielten durch die Schule je eine Kerze für die Fackel, einen Apfel und gegen Abgabe von 50 gr. Brotmarken einen Weckmann. Die Erwachsenen bekamen an diesem Tag kein Brot."

Vom Niederrhein, insbesondere von dem Vorbild Düsseldorf, gingen schon früh kräftige Impulse auf andere rheinische Städte aus. So wissen wir, dass der Bonner Oberpfarrer Johannes Hinsenkamp seit seiner Zeit als Pfarrer in Düsseldorf die Martinszüge kannte, und auch in Bonn einführte. Das war freilich in der Zeit der Besatzung nach dem Ersten Weltkrieg, und es herrschte totales Versammlungsverbot auf den Straßen. So musste Hinsenkamp den französischen Stadtkommandanten überzeugen, dass St. Martin ein friedlicher Heiliger sei und sein Stellvertreter in Bonn keinen Aufruhr erzeugen werde.

Und also konnte sich 1924 der erste Martinszug formieren. St. Martin trat in Erscheinung, ein stattlicher Reiter im Kettenpanzer. In Bonn wusste damals jeder, dass es für viele Jahre der Schlosser und Eisenwarenhändler Joseph Weiden war, martialisch prächtig anzusehen mit dem glänzenden römischen Helm und dem weiten goldbordierten Mantel, aber im übrigen in aller Stille so wohltätig wie St. Martin selbst. Wenn der Zug schließlich im bengalischen Licht vor dem Münster endete, teilte auch damals schon in schlechten Zeiten St. Martin zwar nicht den Mantel, aber teilt bis heute Weckmänner aus, in Bonn „Hitzefitze" genannt.

Im niederrheinischen Düsseldorf muss übrigens der Heilige seinen Mantel gleich zweimal teilen, wenn er durch die Altstadt reitet. Der Andrang der Kinder, die ihn mit ihren Fackeln begleiten, und der Schaulustigen – es sollen bis zu 50.000 sein – ist so groß, dass die Szene der Begegnung mit dem Bettler einmal vor der malerischen Kulisse des alten Rathauses und einmal vor der Mariensäule am früheren Palais Spee aufgeführt wird, während zahllose Kinder im Wetteifer mit vielen Blaskapellen singend und mit selbstgebastelten Fackeln den mildtätigen Reiter feiern. In Krefeld reitet St. Martin zu Beginn des Zuges mehrfach um ein Feuer, trifft dort auf den Bettler und teilt vor aller Augen seinen Mantel. Auch hier gibt es Weckmänner, meist „Weggemänner" genannt. Sie werden wie überall im Rheinland aus Hefeteig gebacken. In Krefeld und am weiteren Niederrhein wird der Teig mit Rosinen angereichert, ein Aufwand, den man in der ärmeren oder doch aus Tradition sparsameren Eifel nicht kennt und auch nicht einführen mag. Geliebt und gekauft werden dort die einfachen Weckmänner, die allenfalls Rosinen als Augen haben.

St. Martin reitet der Tradition nach einen Schimmel. Hier ist Gelegenheit, zum ersten Mal daran zu erinnern, dass viele christliche Bräuche (insbesondere die Winterbräuche), Anschauungen und Vorstellungen im Rheinland auf heidnischen Ursprung zurückgehen.

Odin oder Wotan, der höchste Gott der Germanen, brauste auf weißem Ross durch die Lüfte. Schimmel erscheinen in Sagen und Legenden als Reittier der Helden. St. Martins Schimmel steht im Gegensatz zu dem Reittier des heiligen Ritters Georg. Der reitet mit einem Braunen auf den Drachen los.

Es soll übrigens schon vorgekommen sein, dass für den Martinszug kein Schimmel zur Verfügung stand. Die Rheinländer wussten sich zu helfen. Sie lösten das Problem mit einem Eimer Kalk.

Andererseits aber lassen sie sich so leicht nichts vormachen, wie eine Geschichte aus der Redaktion des Bonner General-Anzeigers beweist. Da hatte ein Bildberichter pflichtmäßig sein Foto am Martinsabend in einem Stadtteil geschossen. Aber am nächsten Morgen war es nirgends zu finden. Eile tat not, und also vergewisserte sich die Redaktion schnell, dass der Darsteller des Heiligen noch der gleiche war wie im vorigen Jahr und griff zu einer vorjährigen Aufnahme. Die statuarische Pose des Reitersmannes stimmte, seine Gewandung, seine Begleitung. Und dennoch kam eine Flut von Beschwerden: St. Martin hatte in diesem Jahr einen anderen Schimmel geritten.

Der vorige war nach langem Dienst bei den Martinszügen in den Pferdehimmel eingegangen, unvergessen von den Bewohnern des Stadtteils.

Mit der Ausdehnung der Städte nach dem Zweiten Weltkrieg hat die Zahl der Martinszüge zugenommen, oft durch die Eigeninitiative der Pfarren, der Kindergärten und der Schulen. In Düsseldorf soll man sogar auf 50 einzelne Züge kommen. Übrigens darf nach glaubhaften Zeugnissen berichtet werden, dass die Martinszüge im 20. Jahrhundert auch über das Rheinland hinaus Verbreitung fanden. So gelang es einem jungen Lehrer, der aus dem Rheinland stammt, in Heidelberg den Fackelzug zu Ehren des Hl. Martin einzubürgern. In Frankreich war man schon im 19. Jahrhundert auf die rheinischen Martinszüge aufmerksam geworden. Die Zeitung „L'UNIVERS ILLUSTRÉ" berichtet bereits 1865 mit Bild über „La Fête de St. Martin à Düsseldorf".

Auch in den benachbarten Niederlanden ist der Martinsbrauch aufgenommen worden.

Trotz der organisierten Martinszüge haben sich ältere Bräuche am Vorabend des St. Martinstages doch erhalten. So gibt es auch noch in den Städten, wo sie ja seit dem 18. Jahrhundert verboten oder doch ungern gesehen waren, die alten „Heischegänge". Sie sind im Rheinland seit dem 16. Jahrhundert nachzuweisen und haben zuweilen noch etwas von dem Klang der „fahrenden Scholaren". Jetzt kommen nach den Martinszügen Kindergruppen an die Häuser, stellen sich mit ihren Fackeln auf und singen:

Hier wohnt ein reicher Mann,
der uns vieles geben kann;
viel soll er geben,
lang soll er leben
selig soll er sterben,
das Himmelreich erwerben.
Lasst uns nicht zu lange stehn,
Denn wir müssen weitergehn...

In den meisten Häusern steht schon ein Körbchen mit Süßigkeiten hinter der Tür zum Verteilen bereit. Wo nicht geöffnet wird, erklingt das Spottlied:

> *Gizhals,*
> *stirfst als...*

Außer den Martinszügen und den Heischegängen gab es auch im Bereich der Städte Düsseldorf, Gladbach und Krefeld häusliches Brauchtum am Martinsabend. Die Eltern versammelten ihre Kinder um den sogenannten Martinssack, eine große Tüte, gefüllt mit Leckereien, mit Nüssen, Äpfeln, Gebäck und Karamellen. Am spitzen Ende der Tüte war ein langer Papierschwanz befestigt. Der Vater zündete in der dunklen Küche den Papierschwanz an, und wenn dann auch die Papiertüte Feuer fing, rollten die Äpfel und Nüsse durch die unbeleuchtete Küche. Licht wurde erst angezündet, wenn die Kinder alle Martinsgaben gefunden hatten.

Aber auch die Erwachsenen feierten den Martinstag, oder genauer gesagt die „Vigil", den Vorabend, an dem nach kirchlicher Sitte die Feste schon eingeleitet werden, mit gutem Essen in geselliger Runde. Man nannte das im Rheinland „den Merten halten". Die weltlichen Feiern zum Martinstag sind wesentlich älter als die Martinszüge und werden für Köln schon um 1500 bezeugt. Sie sollen von Nordfrankreich her über Flandern und Brabant in das Rheinland gekommen sein.

Auf dem Land ging und geht es deftiger zu. Die Kinder haben seit eh und je ihre Fackeln aus ausgehöhlten Rüben geschnitzt, meist in Form gespenstiger Gesichter, die ein rötliches flackerndes Licht verbreiten. Sie führen den sogenannten Rummelpott mit sich, einen Tontopf, der mit einer Schweinsblase überspannt ist. Mit einem Stock, der durch die Bespannung geführt ist, werden dumpfe Töne aus dem Inneren des Topfes hervorgebracht. Ein eher bedrohlicher Aufzug in der Dunkelheit, der kaum einen Bezug auf den mildtätigen Heiligen hat. Vielmehr können wir hier zum anderen Mal auf viel frühere, heidnische Vorstellungen hinweisen. Die Schreckelemente bei den Heischegängen erinnern eher an all die Ängste der dunklen Jahreszeit, an entfesselte Naturelemente, denen der Mensch ausgeliefert ist. Urängste also, geformt in germanischem Brauchtum, Bedrohungen, die durch Opfergaben abzuwenden waren. Diese Bräuche wurden aufgenommen und umgewandelt durch das Christentum und verbunden mit der gebefreudigen Gestalt des hl. Martin.

Wenn der Rummelpott seine Wirkung getan hat, singen die Kinder in den ländlichen Bereichen östlich von Düsseldorf und weiterhin am Niederrhein:

> *Märten, Märten, jode Mann,*
> *der uns woll jet gäven kann.*
> *Äppel oder Baren (Birnen),*
> *Nötte gout noch met dartou*
> *Bur, gäv jet*
> *Bur, haal jet.*
> *Op et Johr weh wr wat.*

Hat sich der Bauer freundlich gezeigt, tönt es im Chor:

> *Wär daan ons ok bedanke.*
> *Dat Hus, dat steht op Planken.*
> *Wär möten noch völ wieder gohn,*
> *von hie dennen bis över dän Rhin,*
> *mor'n möten dröwer sin.*

Bleiben Tür und Fenster geschlossen, dann singen die Kinder:

> *Dat Hus, dat steht op Muern,*
> *do wonnen de giz'gen Buern.*

Aber nicht nur die Kinder waren und sind am Martinsabend zu Heischegängen unterwegs, auch die jungen Leute haben ein eigenes Brauchtum am Niederrhein entwickelt. Es entspricht dem wohlhabenden sozialen Status dieser Landschaft. Am

Martinsabend schwingen sich Bauernburschen und Knechte auf ihre aufgeputzten Pferde und reiten über die abgeernteten Felder, um auf den Höfen die Mädchen oder Mägde zu besuchen. Die ihrerseits halten wiederum bunte Bänder bereit und flechten sie in die Mähnen der Pferde. Auch hier geht es nicht ohne „Heischen" ab, und die Burschen haben es nicht nur auf die Mädchen und die bunten Bänder abgesehen, sondern auch auf Würste aus der ersten Schlachtung.

„Mädens Ovend machen de Wiever de Würschte", hieß es in Stadt und Land. Die Bauernburschen ihrerseits trugen triumphierend die Würste auf einer Gabelstange davon.

Es kann nicht verschwiegen werden, dass es mancherorts auch zu Verboten der Heischegänge kam, weil sie gelegentlich in Rüpeleien ausarteten oder unerwünschten Elementen Gelegenheit zu Diebstählen gaben.

Einhellig stolz aber waren und sind die Bewohner der rheinischen Dörfer auf ihre Martinsfeuer, die hier seit eh und je ungehemmt entzündet wurden. Vielerorts musste das Feuer von dem jüngst vermählten Paar entzündet werden. Junge Leute sprangen durch die Flamme, ein alter Brauch, der darauf abzielt, sich die Kraft des Feuers anzueignen. Auch wurde das Vieh durch das Feuer getrieben, damit es gut gedeihe. Und die Asche des Feuers wurde über die Felder gestreut, um sie vor Schneckenfraß zu bewahren. Damit sind wir tief im bäuerlichen Brauchtum, und es wird uns nicht wundern, dass die Volkskunde die Feuer weit zurück in die germanische Zeit datiert: Das Feuer, ursprünglich am Ende der Vegetationsperiode entzündet als Dank an Wotan für eine gute Ernte, wird in christlicher Zeit zum Martinsfeuer.

Aber der Martinstag hat noch mehr ländliche Bräuche im Rheinland aufzuweisen. Er war ein wichtiger Tag im Wirtschaftskalender der Landbevölkerung. Am Martinstag 11. November zahlte man Pacht, Mieten und andere Verbindlichkeiten, waren Abgaben fällig, wurden Dienstverträge mit Mägden und Knechten abgeschlossen, oder aufgelöst.

Im übrigen wurde der Tag mit einem guten Essen zu Hause oder in den Gastwirtschaften beschlossen, das auch besonders fett sein durfte. Denn nun begann die Fastenzeit, die früher vor Weihnachten ebenso eingehalten wurde wie vor Ostern.

Die sprichwörtliche Martinsgans kam an diesem Abend auf den Tisch, weniger dem Heiligen zu Ehren, der freilich auch eine besondere legendarische Beziehung zu den Gänsen hatte, wovon später die Rede sein wird. Vielmehr wurde die Gans geschlachtet, weil sie zu diesem Zeitpunkt besonders fett und der Braten besonders wohlschmeckend ist.

Die Martinsgans ist übrigens nicht unbedingt typisch für das Rheinland. Sie ist eigentlich ein zu festliches und zu teures Gericht. Vielmehr wird allerorts der Kesselkuchen, auch Knühles oder Kühles oder Kesselknall aufgetischt. Die Rezepte wechseln von Stadt zu Stadt, zuweilen sogar von Stadtteil zu Stadtteil und sicherlich von Dorf zu Dorf. Unerlässliche Voraussetzung für das Gelingen ist der schwarze gusseiserne Topf. Er wird gefüllt mit einem Teig aus geriebenen Kartoffeln, versetzt mit Mettwurst und Rosinen. Der Kesselkuchen muss mehrere Stunden im Backofen garen, um dann mit einer überaus schmackhaften braunen Kruste auf den Tisch zu kommen. Aber das ist nur eines der Rezepte für dieses Gericht, die in den Familien sorgsam gehütet werden. Unabdingbar aber ist nach dem Kesselkuchen ein klarer Schnaps.

Was berichtet nun die Geschichte über den Heiligen, der im Rheinland eine solche Volkstümlichkeit erreicht hat? Martin war als Sohn eines römischen Militärtribuns im pannonischen Sabaria, also im heutigen Ungarn, 316 oder 317 geboren und musste nach den kaiserlichen Bestimmungen mit fünfzehn Jahren in das Heer eintreten, um bald Offizier der berittenen Garde, einer Eliteeinheit, zu werden. So sahen wir ihn schon in der Begegnung mit dem Bettler vor den Toren von Amiens. Bald danach empfing er die Taufe, konnte nach drei Jahren den kaiserlichen Dienst verlassen und stellte sich dem Bischof Hilarius in Poitier zur Verfügung, um in der noch jungen Kirche (erst seit 313 war das Christentum Staatsreligion) seinen Dienst zu tun. Martin gründete die ersten Klöster nördlich der Alpen, Ligugé und Marmontier, Zentren der gallisch-fränkischen Mönchsbewegung. Er hatte großen Einfluss auf die religiöse Entwicklung des Abendlandes in der Zeit, als das römische Reich zerfiel und die Völkerwanderung einsetzte.

Noch einmal hat die Legende das Wort:

Als Martin 371 von der großen Mehrheit des Volkes und des Klerus zum Bischof von Tours gewählt wurde, soll er sich in einem Gänsestall versteckt haben. Aber das schnatternde Federvieh verriet ihn. Daher wurde früher in Bonn immer im Martinszug ein Wagen mit lebenden Gänsen mitgeführt.

Die Geschichte ihrerseits berichtet, dass Martin tatkräftig beim Aufbau der jungen Kirche Christi wirkte, die Einmischung des Staates in kirchliche Angelegenheiten verhinderte, die Bevölkerung vor dem Druck von Gaugrafen und Fronvögten schützte und selbst gegen den Kaiser Maximus die Stimme erhob, um eine Amnestie für Unschuldige zu bewirken. Er starb auf einer Visitationsreise am 8. November 397 in Candes.

Die Franken, die sich damals anschickten, die führende Rolle im westlichen Europa nördlich der Alpen zu übernehmen, stellten sich unter seinen Schutz. Der Frankenkönig Chlodwig (465-511) erhob Martin zum Nationalheiligen und Patron seines Volkes. Bei den Franken verblieb auch sein Mantel, den die Könige als Reichskleinod in der Schlacht mitführten. Dieser Mantel, lateinisch *cappa,* wurde in einem kleinen gottesdienstlichen Raum aufbewahrt, der danach „capella" benannt war, Ursprung des heutigen architektonischen Begriffes Kapelle und auch Sammelbegriff für eine Gruppe liturgischer Gewänder.

Als sich die Herrschaft des fränkischen Königsreiches auch am Rhein festigte, wurde die Verehrung des hl. Martin in das heutige westliche Deutschland übertragen. Er wurde Schutzpatron der Städte Mainz und Würzburg, und in großer Folge entstanden die Martinskirchen – so in Trier, Bonn, Köln, Zülpich, später auch in Bamberg und Freiburg. Er gehört zu den frühesten Heiligen der Kirche, verehrt wegen seiner Menschenliebe, seiner Güte und seines Erbarmens.

Von Hirzemännern und Piepenkerlen

Gebildbrote in vielen Gestalten

Keine Kindheit im Rheinland ohne Piepenkerl und Hirzemann, d. h. ohne den Weckmann aus weißem Brot. Den ersten Weckmann teilt St. Martin schon im November aus, wie wir hörten. Aber er begleitet die ganze Vorweihnachtszeit. Das Schönste am Weckmann ist die Tonpfeife, die ihm auf den Bauch gebacken ist. Die weiße „Pfeifenerdt" kommt im Rheinland häufig vor. Besonders die „bönnische (Bonner) Pfeifenerdt" war bekannt.

Die Kinder lösen die weiße Tonpfeife vorsichtig ab und lassen dann munter Seifenblasen daraus steigen, wenn der Weckmann längst sein vorgesehenes Ende gefunden hat. Die Heiligen St. Martin und Nikolaus müssen Legionen von himmlischen Engeln oder irdischen Bäckern bemühen, um alle Kinder zufrieden zu stellen. Aber früher konnten die Großmütter selbst den Weckmann backen:

Einen Hefeteig mit Weizenmehl, Butter, Milch und einer Prise Salz mengen, den „Kerl" formen und auf dem Backblech goldbraun backen. – So erschien er auf der sonntäglichen Kaffeetafel am Niederrhein in der Vorweihnachtszeit.

Der Weckmann, Weggemann, Hirzemann, Hitzefitz oder Piepenkerl ist der Vorreiter für eine ganz Welt von Figuren aus köstlichem Teig. Die Volkskunde hat den gelehrten Namen „Gebildbrote" gefunden für die Heerschar der Menschen- und Tierfiguren: Mann und Frau, Reiter und Ross, Hasen, Hähne, Löwen, Eber und Bock. Man ahnt es schon bei der Aufzählung: sie müssen heidnischer Herkunft sein. In der Tat sind die Gebildbrote (= Gebilde aus Brotteig) ursprünglich Fruchtbarkeitssymbole, die auch das Christentum nicht untergehen ließ. Wir wissen, dass im 6. Jahrhundert der heilige Elegius, Bischof in Gallien, heftig gegen die Teigfiguren gepredigt hat. Vergeblich, wie man sieht, denn sie werden auch heute noch, runde 1400 Jahre später, gebacken.

In vielen Formen, wie schon angedeutet wurde, aber auch in verschiedenen Teigarten. Bleiben wir noch einmal beim Hefeteig, der für den Weckmann gebraucht wird. Der Mann taucht am Neujahrstag wieder hier und da im Rheinland auf als eine plumpe Figur mit zwei Köpfen. Damit erinnert er an den doppelköpfigen römischen Janus. Aus zwei Teigsträhnen werden Zöpfe geflochten. Sie werden gedeutet als Erinnerung daran, dass früher auch das sogenannte „Haaropfer" gebracht wurde, zuletzt noch im Abschneiden der Haare beim Eintritt in einen Orden.

Aus zwei Teigsträhnen werden auch die Neujahrskränze geformt, und die Neujahrsbretzel. Bretzel und Kranz gab es schon in karolingischer Zeit, sicherlich aus heidnischem Brauch christlich umgemünzt, denn man trug die Kränze in die Kirche, um sie segnen zu lassen, ehe sie vom Hausherrn angeschnitten und in Stücken ausgeteilt wurden.

Neben diesen Hefeteiggebilden, die noch am gleichen Tag gegessen werden, gibt es auch die Figuren aus gewürzten Teigarten, die auf längere Lebensdauer Anspruch haben. Da sind einmal die Lebkuchen oder Pfefferkuchen. Dazu wird natürlich kein schwarzer oder weißer Pfeffer aus Tropenländern genommen, der ungeeignet und viel zu teuer ist – nicht umsonst spricht man von „gepfefferten" Preisen. Sondern hier kommt der herrlich duftende Nelkenpfeffer zur Verwendung, auch Piment genannt, ferner Zimt, Kardamom, Bittermandelöl und Zitronat. Eine wahre Gewürzorgie. Die Grundlage aber ist Honig und Sirup. Schlicht in schmale Rechtecke geschnitten, entstehen aus dieser Masse die Printen.

Der Teig, dem als Treibmittel Pottasche zugesetzt wird, muss lange „ruhen". Angeblich setzten die Hausfrauen am Niederrhein ihn schon kurz nach Ostern an, verwahrt in den landesüblichen graublauen Steintöpfen. Anfang Dezember wird gebakken. Denn auch das fertige Gebäck muss noch etwas „ruhen", ehe es auf dem Weihnachtsteller Furore macht. Nun treten die *Model* in Aktion, um zuerst das „Klaszeug", das Gebäck zum St. Nikolaustag herzustellen.

Die Model wurden aus Weichhölzern geschnitten, aus Apfel- und Birnbaumholz. In die Bretter von mittlerem Tablettformat werden die Figuren eingearbeitet, die Männer mit den weiten Pluderhosen, den kühnen Hüten, dem stechenden Spitzbart, die Frauen mit den steifen weiten fußlangen Röcken, den engen Miedern, den Hauben. Es gab den Beruf der Formenschneider, die die traditionellen Muster mit einem abgerundeten Schräg- schnitt mit kurzen, verschieden geformten Messern ausführten. Die eingetieften Formen wurden mit Bienenwachs ausgestri- chen. Das gab dem Teig, den man nun hinein drückte, einen besonders feinen Geschmack. Die Lebkuchenfiguren, die so ent- standen, wurden mit Mandeln verziert und oft mit gefärbter Zuckermasse ausgemalt, ehe sie in den Backofen kamen – kleine Werke der Volkskunst.

Kleiner, feiner, zierlicher wird der *Spekulatius* ebenfalls in den Modeln geformt. „Würziges Kleingebäck in Figurenform, nie- derländisch", schreibt das Lexikon. Aber wer kann mit ein paar Worten umfassen, was diese Männlein und Weiblein, diese Tau- ben, Engel, Schiffe mit großer Takelage wirklich mit sich brin- gen? Mehr noch als die braunen glänzenden Lebkuchen tragen sie den Duft der weiten Welt in unsere Weihnachtszimmer. Unvergesslich das aufsteigende Aroma, wenn sie aus der großen Blechdose genommen werden, in der sie Wochen lang schon aufbewahrt werden, als ob der Hauch ferner Küsten plötzlich durch das Zimmer ginge.

„Niederländisch", schreibt das Lexikon. Hier, im klassischen Land der Kauffahrtei, sieht man sozusagen die Schiffe aus Fern- ost, die mit geschwellten Segeln in die Häfen einliefen, an Bord die kostbare Fracht der Gewürze, im Lande eine hochgeschätzte Ware und in großen Mengen weiter transportiert per Schiff bis Köln, von wo aus das ganze Rheinland mit Gewürzen versorgt wurde. Und mit den Gewürzen kamen die Rezepte aus den Nie- derlanden, aus Flandern, viele aus Nonnenklöstern, wo die fein- sten Gebäcke hergestellt wurden. Sie trugen und tragen einen lateinischen Namen: „Spekulatius". Das soll etwas mit *speculum =* *Spiegel* oder *Abbild* zu tun haben. Und damit kommen wir wieder in magische Kreise: Wer das Abbild des Menschen oder des Tieres essend in sich aufnimmt, gewinnt dessen Eigenschaften. Und darum zählt die gelehrte Volkskunde den Spekulatius und die Honigkuchenfiguren wie alle Gebildbrote zu den Kultspeisen. So weit führt uns die Wissenschaft in die Tiefen der Vergangenheit angesichts unseres Weihnachtsgebäcks, wenn wir ihr folgen.

Und so werden Weckmänner gebacken

Der Weckmann oder Weggemann oder das „Hellijemannskälche" (Heiligmannskerlchen) regiert die Zeit zwischen St. Martin und Nikolaus. Er kann aus einem ganz schlichten Hefeteig gebacken werden. Aber die Rheinländer haben nun einmal Freude am Würzen. Und so findet sich in einem rheinischen Kochbuch ein besonders delikates Rezept:

Aus einem Pfund Mehl, 300 gr. Butter und sechs Eigelb wird ein feiner Hefeteig bereitet. Man fügt hinzu eine Messerspitze Zimt, das Mark einer Vanilleschote, das Abgeriebene einer Zitrone und ein wenig Zucker. Der Teig duftet köstlich, wenn man ihn nicht zu dünn ausrollt. Dann schneidet die Hausfrau vorsichtig aus dem Teig die kleinen Männerfiguren mit den gespreizten Armen und Beinen etwa spannenlang, drückt ihnen große Korinthen als Augen ein und eine Tonpfeife auf den Körper, plaziert sie vorsichtig mit dem breiten Backmesser auf das Backblech und backt sie bei Mittelhitze zart goldbraun.

Beim früheren Küchenherd ein Kunststück. Heute können die Kinder durch die transparente Scheibe der Backofenklappe zuschauen, wie ihr Weckmann Form und Farbe annimmt. Und genau wie früher können sie es kaum erwarten, bis er fertig ist.

Kühles, Knühles, Kesselknall

Die Martinsgans des armen Mannes – der Stolz der Hausfrau

Die sprichwörtliche Martinsgans kommt im Rheinland nur selten pünktlich auf den Tisch, obgleich sie Anfang November am besten schmecken soll. Zu teuer, zu aufwendig, sagen die Hausfrauen. Und das noch mitten in der Woche? Da lädt man doch lieber am Martinsabend zum Kühles, Knühles oder Kesselknall ein, ein uraltes rheinisches Gericht, ein Thema mit Variationen, denn in den Dörfern, in den Stadtteilen, in den Familien gibt es überall eigene Rezepte. Nur eins ist sicher: der Schnaps danach. Denn der Kühles, Knühles oder Kesselknall ist schwer. Aber er ist auch in kalorienbewussten Zeiten eine Sünde wert. Die Sünde kann man dann beim Küster beichten, sagen die Kölner.

Und also wird am St. Martins-Vorabend der alte gusseiserne Topf hervorgeholt. In manchen Familien gibt es 100-jährige gusseiserne Kasserollen, die eine wunderbar glatte schwarze Innenseite haben. Sie bürgen geradezu für das Gelingen. Ich hab noch so eine und streichele sie heimlich.

Für eine Runde von sechs Personen nimmt man etwa fünf Pfund Kartoffeln. Es sollten festkochende Kartoffeln sein, sonst wird der Kühles breiig. Die Kartoffeln werden gerieben wie zu einem Reibekuchenteig, Haferflocken zugesetzt, um die Flüssigkeit zu binden. Zwei Eier, zwei bis drei gehackte Zwiebeln, Salz, Pfeffer werden untergearbeitet, eventuell auch Rosinen. Auch Dörrpflaumen machen sich gut in diesem Gericht. Dann wird es eben süßsauer, wie vieles im Rheinland. Aber das ist nicht jedermanns Sache.

In die Kasserolle wird Öl gegossen – einen halben Zentimeter hoch –, die Hälfte des Kartoffelteigs eingefüllt, dann eine Schicht aufgeschnittener Mettwürstchen, abermals eine Schicht Kartoffelteig und zum Schluß noch einmal eine Schicht Öl. Den Deckel drauf und ab in den auf 200 Grad vorgeheizten Backofen. Mit dem Kohlenofen war es früher schwieriger, die immer gleiche Hitze zu halten. Aber man wusste ja mit seinem Herd umzugehen.

Drei Stunden muss der Kühles backen. In der letzten halben Stunde nimmt die kundige Hausfrau den Deckel ab, damit das Gericht auch oben eine schöne braune Kruste bekommt. Denn die Kruste ist nun einmal das Leckerste am Kühles.

Man kann ihn gestürzt auf den Tisch bringen, besser aber in der Kasserolle, worin man ihn zu ansehnlichen Stücken schneidet und auf die Teller hebt. Wer mag, nimmt ein Stück Schwarzbrot dazu, um das Fett etwas zu kompensieren. Aber, wie gesagt: es gibt mit Sicherheit einen Schnaps, einen Klaren oder einen „Aufgesetzten" hinterher.

Hier auch noch das Rezept für den „Opgezette":

Schwarze Johannisberen, 150 gr., werden von den Stielen befreit. Die alten Frauen nahmen früher immer eine silberne Gabel, um sie abzustreifen, füllten sie in eine bauchige Flasche und taten 150 gr. Kandiszucker, eine halbe Stange Zimt, eine Vanilleschote dazu und füllten mit einer Flasche klarem Korn auf. Sechs bis acht Wochen stand der „Opgezette" dann in der Küche, nicht zu warm und nicht zu kalt, aber immer unter den wachsamen Augen der Hausfrau. Dann wurde der inzwischen würzige Schnaps durch den Filter in eine andere Flasche gegeben, gut verkorkt und musste noch einmal vier Wochen ruhen, ehe es ein erstes Gläschen zu verkosten gab.

Meine Großmutter, ich sage und beweise es auch an anderer Stelle, war eine gastfreie Frau. Aber den selbst „Opgezette" verteidigte sie wie eine Löwin. Er war es wert, nur zu guter Stunde getrunken zu werden. Zum Beispiel am Martinsabend nach dem Kesselkuchen, wenn die Kinder im Bett waren.

Überfahrt im Nebel

Erzählung

Diese Begebenheit liegt mehr als ein halbes Jahrhundert zurück, und sie könnte sich heute, in der Zeit der Radartechnik, wohl kaum in der gleichen Weise ereignen. Aber die Rettung Vieler durch die Besonnenheit eines Einzelnen kann zum Glück immer wieder geschehen. Und darum lohnt es sich, davon zu berichten. Es war in den letzten Novembertagen 1944. Als wir am frühen Morgen das Haus verließen, war die Welt in dichten Nebel entrückt. Das Nachbarhaus, das eigene Gartentor waren nicht mehr zu erkennen in der grauen umhüllenden Feuchte, die erfüllt war von lautlos treibenden Elementen, welche sich unheimlich wabernd auf den Rhein zu bewegten. Wie sollten wir den täglichen Weg zur Fähre finden, die uns wie gewohnt über den Rhein tragen und zum gegenüberliegenden Ufer bringen würde, von wo aus viele andere mit uns den Weg zur Arbeit oder zu einer Reise antraten?

Aber in jener Zeit, es war gegen Ende des Krieges, gab es nicht viele Fragen. Das Unmögliche war längst zum Alltag geworden und wurde ohne Frage angegangen. Zögernd, aber mit gebotener Eile gingen wir die gewohnte, leicht geneigte Straße, ahnten kaum noch die nahe Begleitung der Häuser, die in jenen Tagen der allgemeinen Verdunkelung keinen tröstlichen Lichtschein spenden durften, so wenig wie die blinden Laternen, deren Pfähle jäh und drohend vor uns aufstanden. Zuweilen hörte man Schritte, die merkwürdig hastend und zugleich gedämpft klingend in die gleiche Richtung führten, und schemenhafte Gestalten glitten vorüber, kaum erkennbar, ob sie nah oder fern waren. Endlich der riesige Block des Rheintors, das in den Damm eingeschnitten ist, der die kleine Stadt vor dem Hochwasser schützen muss. Wenn die Flut kommt, wird das Tor mit mächtigen Balken und Schienen gestemmt und mit abdichtenden Flügeln geschlossen. Jetzt schaukelte in der hohen Wölbung des aus Ziegeln gemauerten Tores nur ein winziges blaues Licht, in dem die Gesichter vorbei huschender Menschen für Sekunden gespenstisch auftauchten. Grobes Pflaster unter den Füßen im Torbereich, dann steinig-erdiger Untergrund, in den sich mehr und mehr loser Kies und Geröll mischten. Wir waren nah am Ufer, hörten den Anschlag der Wellen.

Und da waren auch endlich die Planken der kleinen Plattform, welche der Fährmann gebaut hatte, um seine Fahrgäste ungefährdet und trockenen Fusses in das kleine Schiff zu führen. Unsere Schritte hörten sich wie kurze Trommelwirbel auf dem Holz an, tröstliche Bestätigung des Alltäglichen durch dieses gewohnte Geräusch inmitten all der ungewohnten Undurchsichtigkeit des frühen Morgens.

Mit dem Betreten des Plankenbodens sah man auch endlich den Umriss des bescheidenen Fährbootes, das eng vertäut am Ufer lag. Und gewissermaßen aufatmend tat man die wenigen Schritte hölzerne Stufen hinab in das Innere des Bootes. Nebel wallte auch hier hinein, weil das Schiff keine Fenster hatte, sondern nur ein Gestänge, das das flache Dach trug. In dem nach allen Seiten offenen Raum zeichnete sich das Grau in ziehenden und bewegten Schwaden ab, als sei es gedrängt und getränkt vom Atem der Menschen, die rundum auf den schmalen Bänken hockten.

Der Fährmann stand stumm am Steuerrad und blickte kaum auf, wenn ein Fahrgast hinzukam und ihm die Wochenkarte hinhielt. Er kannte alle, fröstelnd wortkarge Gruppen, die er täglich zwischen den Ufern zu fahren hatte.

Erst als ein letztes Paar von Fahrgästen auf das Schiff zukam, der kräftige Schritt eines Mannes, der leichtere einer Frau, wandte er den Kopf. Diese schienen ihm fremd zu sein, und sie traten denn auch herzu und lösten eine Karte zu einmaliger Überfahrt. Der Mann setzte ein kleines Gepäckstück ab und blieb dann in der Mitte des Fährbootes stehen im wortlosen, ruhigen Gegenüber mit der Frau, die ihm eben bis an die Schulter reichte. Auch über ihren Köpfen hing eine abgeschirmte blaue Lampe, und wir sahen, dass die Frau ihr Gesicht ein wenig zu ihm erhoben hatte, stumm aber mit einem kaum angedeuteten Lächeln.

So standen sie schweigend inmitten unserer leise geführten, mehr gemurmelten Gespräche, während schon mancher Fahrgast auf die Uhr blickte, ob der Zug auf dem jenseitigen Ufer noch erreicht werde. Der Fährmann sah in den Nebel, der sich jetzt zu verändern begann. Er ballte sich, wogte, zog und lichtete sich stellenweise. Das schien ihn zu ermutigen, die Fahrt anzutreten. Er streckte den Arm aus nach dem Seil der Messingglocke, die glanzlos und mit einem sonderbar belegten Ton anschlug. Dann wartete er noch kurz und löste langsam, immer mit dem Blick in den Nebel, welcher sich zu teilen begann, das haltende Tau.

Unbehaglich geduckt kauerten wir alle auf der ovalen Bank, die sich rund an den Schiffswänden entlang zog. Wir sprachen nun nicht mehr, sondern blickten nur geradeaus und hielten auf den Knien Taschen und Mappen umklammert, als gewährten sie einen Halt, als vermindere diese eingezogene Haltung gleichsam die Oberfläche des frierenden Körpers und bewahre noch ein wenig innere Wärme.

Wenn wir aufschauten, standen in unserem Blickfeld der Mann und die Frau, die sich wortlos ansahen. Er trug einen weiten Umhang, und da er sie halb damit verbarg, schien sie geschützter als wir alle. Sie hatte eine Hand auf seine Brust gelegt, als müsse sie sich seiner Gegenwart noch versichern, die sie vielleicht schon am anderen Ufer verlöre.

Man hörte nur das Tuckern des Schiffsmotors, das Anschlagen der Wellen an den Schiffsrand, sah das Ufer schemenhaft versinken – und ehe wir den rettenden Anblick des anderen Ufers hätten erkennen können, geschah es, dass die eben spärlich aufgehellte Umhüllung des Nebels sich wieder schloss und das kleine Schiff mit einem großen Schwaden umfing.

Es war, als ob die Lautlosigkeit der Überfahrt noch lautloser werde, als ob jeder den Atem anhielte und die letzte Bewegung erstarre in einer Angst, die sich aus einer Gesamtzahl vieler Ängste zusammenklumpte.

In diese Angst brach der Schrecken ein. Irgend etwas schrammte an die Bordwand der Fähre mit einem Geräusch, das knirschend in uns eindrang. Stießen wir schon an die gegenüberliegende Ufermauer? Hatten wir ein anderes unsichtbares Fahrzeug gerammt? Waren wir auf ein unter Wasser lauerndes Hindernis aufgelaufen? Sicher schien nur, dass das Geräusch auf der linken Seite des Schiffes gewesen war. Wie mit einer Bewegung sprangen alle auf und drängten sich auf die entgegengesetzte Seite. Das kleine Schiff neigte sich schwankend tief bis zur andrängenden Wasserfläche. Zugleich wandten wir uns mit erschreckten Gesichtern zurück zu der Schiffswand, von der der Laut ausgegangen war.

Und da standen sie wieder in unserem Blickfeld: der Mann und die Frau, die sich im allgemeinen Schrecken nicht gerührt hatten. Er hatte nun den Arm um sie gelegt, und sie sah ihn mit einem Ausdruck tiefer Gelassenheit an, als ob es nichts anderes gebe als ihr stummes Beieinandersein, das vielleicht am anderen Ufer endete. Die Überfahrt, die uns alle in eine so schreckliche Gefahr brachte, war ihnen beiden eine kostbare Zeitspanne, in die keine Angst eindringen konnte.

Der Mann hob nur den Kopf und sah zu dem Fährmann hinüber, der mit äußerster Kraft das Steuerruder herumriss, um das Kentern des Schiffes zu verhindern, die Zähne zusammengebissen, jeden Muskel erstarrt. In Sekunden geschah der Brückenschlag der Verständigung zwischen Fährmann und Fahrgast. Der Mann nickte, löste kurz die Hand von der Schulter der Frau und scheuchte uns mit einem Wort und einer knappen befehlenden Geste auf unsere Plätze.

„Ein Stück Treibholz", sagte er wie nebenher und wandte sich wieder der Frau zu, die keines Wortes bedurft hatte, um in ihrer gelassenen Haltung zu verharren.

Wir schlichen auf die Bänke zurück und saßen nieder. Als wir wieder aufzusehen wagten, erkannten wir die steile Wand des gegenüberliegenden Ufers sehr nahe. Der Nebel, der uns so jählings dicht umfangen hatte, trieb nun in großen Schwaden vor dem aufkommenden Wind her und gab den Blick auf die Anlegestelle frei. Knirschend schob sich bald das kleine Fährschiff auf die Bohlen, und stumm erhoben wir uns.

Aber keiner drängte zum Ausgang. Wir warteten, dass die beiden Fremden sich entfernten. Der Mann hob seinen kleinen Koffer vom Boden und stützte die Frau leicht beim Aussteigen, während er dem Fährmann zunickte. Der hob die Hände in einer Geste von Befreiung und Dank, und sein goldener Ohrring blitzte auf.

Das Paar ging eng nebeneinander die schmale Ufertreppe hinauf. Wir sahen die beiden noch einen Augenblick an dem Geländer stehen, das die Ufermauer begrenzte, und auf den Rhein zurückblicken. Dann wandten sie sich ab.

Zögernd ergriffen wir unsere Taschen und folgten ihnen, die Treppen hinauf, dem Bahnhof entgegen während der Nebel lichter und lichter wurde. Auf dem Bahnsteig aber hielt keiner nach dem Mann und der Frau Ausschau. Vielleicht wollte aus einer geheimen Scheu niemand Zeuge ihres Abschieds sein.

Kalenderblatt Dezember

Bauernregeln

Bei Abendrot backen die Engel die Weihnachtsplätzchen.

Ein dunkler Dezember deutet auf ein gutes Jahr

Ist es Winter in den Weihnachtstagen,
sollen die Bäume viel Früchte tragen.

Dezember kalt und Schnee
gibt Korn auf jede Höh'.

Grünen am Christtag Feld und Wiesen,
Wird sie zu Ostern Frost verschließen.

Weihnachten im Klee,
Ostern im Schnee.

Ist die Christnacht hell und klar,
folgt ein höchst gesegnetes Jahr.

Wenn der Wind kräftig zwischen Weihnachten und Dreikönigen
bläst, gibt es eine gute Ernte.

Nebel im Dezember deutet auf ein schlechtes Erntejahr.

Die Bäume im Garten zwischen Weihnachten und Neujahr
schütteln, um sie aus dem Winterschlaf zu wecken.

Bauholz sollte zwischen Weihnachten und Neujahr geschlagen
werden, weil dann das wenigste Leben vernichtet wird.

Im Rauhen Haus

wurden die ersten Kerzen entzündet

Der Adventskranz kam vom Norden an den Rhein

Der Adventskranz mit dem milden Licht der vier vorweihnachtlichen Kerzen, die nach einander angezündet werden, kommt aus dem Rauhen Haus bei Hamburg. Der evangelische Theologe Johann Hinrich Wichern hat die Kerzen zum ersten Mal entzündet in dem Jugenddorf „Rauhes Haus", das er gegründet hatte, um verwahrlosten Kindern und Jugendlichen eine Heimat und einen Weg in die Zukunft zu geben.

Wichern schrieb in seinem Jahresbericht von 1843, er habe auf dem Kronleuchter des Betsaales soviel Kerzen aufstellen lassen, wie Tage im Advent, und bei jeder der kurzen Abendandachten sei eine Kerze mehr angesteckt worden. „Sodass am ersten Tag nur ein Licht brennt", schreibt er, „am zweiten aber zwei, am dritten drei, bis die Lichtkrone immer voller wird, immer glänzender strahlt. . ."

Von Hamburg aus fand der Adventskranz Ausbreitung über ganz Deutschland. Das Rheinland erreichte der Brauch erst in den zwanziger Jahren des vorigen Jahrhunderts, als Inflation und Besatzung überstanden waren, und das Geld auch wieder für die schönen Dinge des Lebens reichte. Es waren evangelische Jugendverbände, die den Adventskranz einbürgerten. Freilich hatte der Lichterkranz auf dem Norden schon eine Wandlung erfahren. Statt der großen Lichterkrone, die für jeden Adventstag eine Kerze vorsah, zieren jetzt vier Kerzen einen Kranz aus Tannenzweigen und werden seither nacheinander an den Adventssonntagen angesteckt. Rote Kerzen, rotes Band schmükken den Kranz seither. Was Johann Hinrich Wichern für seine Schützlinge ausdachte, um den Advent, die Erwartung auf das Weihnachtsfest, sinnfällig zu machen, hat weithin Lichter aufgesteckt.

Kein Haus, keine Kirche ohne Adventskranz mehr. Der Kranz aus Tannenzweigen hat die Grenzen der Konfessionen und der Länder überwunden, und er ist auch im Rheinland heimisch geworden.

Der Advent, der eigentliche Eintritt in den Festkreis um Christi Geburt, beginnt einen Monat vor der Wintersonnenwende, die schon in germanischer Vorzeit als dramatischer Höhepunkt und Neubeginn erlebt wurde. Die immergrünen Zweige der Tanne, die nun zum Kranz geflochten werden, haben den Symbolcharakter der bewahrten und neuen Lebenskraft. So sind sie in die christliche Erwartung der Geburt Christi eingegangen. Neuerdings werden auch Kränze an die Haustüren befestigt, eine Sitte, die aus angelsächsischen Ländern kommt.

Symbol des erhaltenen und wiedererwachenden Lebens sind auch die Zweige des Kirschbaumes, die am Barbara-Tag, am 4. Dezember, ins Haus geholt und in Wasser gestellt werden, um Knospen zu treiben und Blüten zu entfalten. Vielleicht wirkt hier auch ein heidnisch-römischer Brauch nach, denn im alten Rom pflegte man um diese Zeit grüne Zweige auszulegen und aus ihnen wahrzusagen. Barbara indes gehört zu den meist verehrten Heiligen im Rheinland. Sie ist die Patronin der Bergleute und bewahrt vor Feuergefahr. Wenige Tage später, am 13. Dezember, aber kommt Luzia oder Luzei, die Lichtbringerin. Den beiden Jungfrauen und Märtyrerinnen aus frühchristlicher Zeit werden wir wieder begegnen im Gefolge des Hl. Nikolaus.

Spekulatius nach dem Kochbuch

von Frau Luise Thomas 1850

Mit schwungvoller Schrift begann Urgroßtante Luise als junge Frau ein Kochbuch von mehreren hundert Seiten. Die wollte sie nicht zu Ende schreiben, sondern Platz lassen für nachfolgende Generationen. Und so schrieben die Nichte Maria Thomas, die Großnichte Hedwig Thomas und die Urgroßnichte Irmgard Thomas denn bis heute ihre Rezepte in das gut gebundene Buch mit dem Lederrücken. Die Handschriften verloren den Schwung und wurden wesentlich schlichter. Keine schrieb so schön wie Urgroßtante Luise, und keine kannte so viele Küchengeheimnisse.

Die Rezepte wurden einfacher in den Kriegen der vergangenen zwei Jahrhunderte, und sie wurden moderner und bunter mit Zutaten aus aller Welt, seit die jüngste Generation der Schreibenden große Urlaubsreisen in fremde Länder macht. Aber letztlich hat sie keiner übertroffen.

Von Urgroßtante Luise stammt das Familienrezept für den Spekulatius. Sie wusste vermutlich nicht, dass das Wort Spekulatius von dem lateinischen speculum = Spiegel oder Abbild abgeleitet ist. Und Abbilder der Menschen sind sie denn auch tatsächlich, diese vielen kleinen Männer und Frauen, die aus dem feinen Teig geformt werden. Andererseits wird das Wort Spekulatius auch von „Sanctus speculator" übersetzt, was man als „heiliger Bote" verstehen kann.

Von Urgroßtante Luise stammt auch noch das Holzmodel, ein Brett aus weichem Obstbaumholz, in das die Figuren für das Gebäck vertieft eingeschnitzt sind. Wenn sie es hervorholte, war Weihnachten nahe. Sie begann spätestens vier Wochen vor dem Fest zu backen.

Der Teig wird bereitet aus sechs Pfund Mehl, 750 gr. Zucker, 400 gr. weich gerührter Butter, sechs Eiern, 1/8 Liter Milch und 250 gr. feinst geriebenen Mandeln. Dazu kommt vorsichtig dosiert ein Teelöffel Zimt, das Mark von drei Vanilleschoten und je eine Messerspitze Kardamom, Nelken und Salz. Muskat, so vermerkt Urgroßtante Luise, darf höchstens mit zwei Strichen auf der kleinen Reibe hinzu gefügt werden. Den Teig bereitet man schnell und gibt zuletzt mit einem Rest Milch 10 gr. Hirschhornsalz als Treibmittel hinzu (Hirschhornsalz gibt es noch in Apotheken und Reformhäusern).

Der gewürzige Teig muss mindestens eine halbe Stunde ruhen, ehe er ausgerollt wird. Man kann dann die Spekulatiusfiguren mit kleinen Metallförmchen ausstechen. Aber wir haben ja noch das Modelbrett von der Urgroßtante. Und also mehlen wir die vertieft eingeschnittenen Figuren gut ein und drücken den ausgerollten Teig hinein. Was übersteht, wird mit einem leicht erhitzten Messer abgeschnitten und weiterverwendet. Jetzt muss man das Modelbrett schnell wenden, und die eingeprägten Figuren auf ein Handtuch klopfen. Dann tritt das breite Backmesser wieder in Aktion, und Stück für Stück werden die Männlein und Weiblein, die Löwen und die Eber aus Teig auf das gefettete Backblech gelegt und mit wenig Milch überpinselt. Im vorgeheizten Backofen bei 200 Grad sind die Spekulatius in einer Viertelstunde fertig. Und das ganze Haus duftet davon.

Aufgehoben werden die Spekulatius am besten in einer großen Suppenterrine, möglichst nicht so leicht zugänglich. Auch die graublauen rheinischen Steintöpfe eignen sich vorzüglich. Die vorgegebene Menge langt für eine große Familie, und Freunde und Verwandte dürfen auch mal probieren.

Zweierlei Printen

Ja, dieses typisch rheinische Wort hat eine doppelte Bedeutung. Einmal bezeichnet es ein Gebäck, mit dessen gewürzigem Geschmack so leicht nichts konkurrieren kann. Und zum anderen bezeichnet man damit einen Menschen, der griesgrämig durchs Leben geht. „Dat is ene Print" bedeutet, dass aus diesem Zeitgenossen kein Funken Fröhlichkeit zu schlagen ist. Etwas ins Komisch-Liebevolle gezogen ist dann schon eher die Bezeichnung „Du Printenmann". An dem ist vielleicht noch was zu retten. Wenden wir uns aber lieber den gebackenen Printen zu. Der Teig muss früh angesetzt werden. Fürsorgliche Hausfrauen sollen früher schon kurz nach Ostern damit begonnen haben. Das ist vermutlich eine Küchenlegende. Aber vier bis sechs Wochen sollte der Teig schon ruhen können.

Printenteig ist eine Gewürzorgie. Die Zutaten kamen aus den fernsten Ländern früher zu Schiff bis Köln. Und die Rheinländerinnen wussten sie schon bald zu köstlichem Gebäck zu verarbeiten.

Die Grundlage der Printen ist Rübenkraut. 500 gr. werden in einen Kochtopf gegeben, dessen Boden mit vier Löffel Wasser bedeckt ist. Bei milder Wärme wird das Rübenkraut langsam erhitzt und wird dabei zusehends flüssig. Dann 125 gr. weißen Zucker hinzufügen und 125 gr. braunen Kandis, der im Mörser zerkleinert worden ist. 50 gr. fein gewürfeltes Orangeat, ein halber Teelöffel Anis, eine Messerspitze Koriander, zwei Messerspitzen Zimt und Nelkenpfeffer werden mit 600 gr. Mehl vermischt und nach und nach in das flüssige Rübenkraut gerührt. So entsteht ein sehr fester Knetteig, dem als Treibmittel 5 gr. Pottasche und 1 Prise Natron (beides in wenig Wasser aufgelöst) beigefügt wird. Zum Aufbewahren wird der Teig am besten in einen der graublauen rheinischen Steinzeugtöpfe gelegt. Kurz vor dem Fest werden die Printen gebacken.

Nun tritt das Backholz in Aktion. Der Teig wird drei Zentimeter dick ausgerollt, und die Printen werden zugeschnitten nach altem Maß 3 x 8 cm. Das Blech wird nicht gefettet, sondern leicht mit Wasser besprengt. Zuletzt die Printen mit etwas Milch bepinseln und bei 220 Grad 15 bis 20 Minuten backen.

Bis zum Weihnachtsfest sollten die Printen in einer Blechdose aufbewahrt werden. Kluge Hausfrauen backen ein paar Printen mehr. Denn Printen sind eine unerlässliche Zutat bei der Soße zum Sauerbraten das Jahr hindurch.

Wer erfand die Printe,

...woher kommt der Name? Nicht die einfache auf dem Backblech ist gemeint, nein, die prächtig in der Model geformte, die den Kaiser Karl darstellt, den Heiligen Nikolaus, die Postkutsche und neuerdings den Dino. Ein Nachfahre aus Alt-Aachener Printenadel klärt uns auf: Manfred van Rey, *seines Zeichens Stadtarchivar von Bonn.*

Was die Volkskundler Gebildbrot nennen, ist uralt, im Westen des Heiligen Römischen Reichs Deutscher Nation geht es auf die belgische Stadt Dinant an der Maas zurück. In fein geschnitzte Holzformen wurde der Honigteig gedrückt. Aus der Model geschlagen und ausgebacken, lag auf dem Tisch etwas „Gedrucktes", eine Art von Printmedium, würden wir heute sagen. 1790, wohl in weiser Voraussicht auf kommendes Ungemach, begann der aus dem deutsch-niederländischen Raum stammende Mijnheer van Rey, anstelle des transatlantischen Rohrzuckers heimischen Rübensirup zu nehmen und jede Menge Gewürze dem Mehl beizumischen. Das hatte nur einen Haken: Der Teig war zu zäh, also musste er neue Printenformen schnitzen, grobe mit Eisensteg: Die Printenform war geboren.

Erfolg gab Recht. Als Napoleon 1806 über Europa die Kontinentalsperre, ein Wirtschaftsembargo, verhängte, war es ganz aus mit der Lieferung des Rohrzuckers aus Übersee. Jetzt konnten nur noch die Printen, damals noch als Pfefferkuchen bezeichnet, gebacken werden. Der Zuckerbäcker und Pfefferküchler Wilhelm Balthasar van Rey meldete 1833 in Aachen auf der Kölnstraße sein Unternehmen an. Von der Witwe Rößler übernahm er den „Printenladen" – bis zum Zweiten Weltkrieg ein Schmuckstück des Aachener Heimatmuseums auf der Frankenburg. Aachener Heimatdichter schufen die feste Verbindung: Öcher Prent-van Rey, zurück bis auf Kaiser Karl, den van Rey'sche Printen von einem Magenleiden befreit haben sollen. Aber das ist wohl Legende...

Rheinauf rheinab:

Heringsalat am Heiligen Abend

Es gibt ein rheinisches Rezept, das allemal gilt: An einem guten Salat müssen vier Temperamente mitwirken: Für das Öl ein Verschwender, für den Essig ein Geiziger, für das Salz ein Weiser, und für das Mischen ein Verrückter.

Aber warum ist denn rheinauf rheinab Heringsalat zum Heiligen Abend angesagt? Das Geheimnis wurde uns in den Archivalien des Rheinischen Amtes für Landeskundes gelüftet: Kirchenfeste beginnen bekanntlich am vorhergehenden Abend. Daher auch der „Heilige Abend" vor dem eigentlichen Weihnachtstag. Der 24. Dezember ist aber zugleich der letzte Tag der vierzigtägigen Fastenzeit, die früher auch vor Weihnachten gehalten wurde. Und an diesem letzten Fastentag musste ein Fischgericht auf den Tisch kommen. Daher wird vielfach der Karpfen aufgetischt. Im Rheinland aber mit Vorliebe der Heringsalat. Er ist zwar aufwendig und zeitraubend, aber er kann und sollte schon am vorhergehenden Tag zubereitet werden und vierundzwanzig Stunden ziehen.

Dabei ist der rheinische Heringsalat keineswegs ein echtes Fastengericht, denn er enthält auch Rindfleisch. Man könnte den beliebten Salat also als eine „Fastenmogelpackung" bezeichnen. Unter Heringen und roten Beten ist das Fleisch genau so wenig zu entdecken wie in den schwäbischen Maultaschen. Der Herrgott wird den Rheinländern und den Schwaben den kleinen kulinarischen Schwindel wohl verzeihen.

Einem *On dit* zufolge soll ein richtiger Heringsalat zweiunddreißig Zutaten enthalten. Das rheinische Standardrezept kommt auf 18 Zutaten. Und damit wollen wir es hier genug sein lassen:

Von drei Eidottern, einem Spritzer Zitronensaft, einem Viertelliter Olivenöl und zwei Esslöffeln Gewürzessig (Öl und Essig tropfenweise hinzugefügt) wird eine gute, nicht zu feste Mayonnaise gerührt. Ein Pfund gekochtes Rindfleisch wird fein gewürfelt, acht gewässerte und entgrätete Heringsfilets ebenfalls klein geschnitten. Vier säuerliche Äpfel, am besten Boskop, ein Pfund festkochende Pellkartoffeln, eine gekochte rote Rübe und vier mittlere Gewürzgurken werden auch fein gewürfelt. Dazu kommen noch 100 gr. geriebene Nusskerne. Die Mayonnaise wird nun mit einem Viertelliter saure Sahne verrührt und über die zerkleinerten Zutaten gegeben. Abschmecken mit Zucker, Salz und Pfeffer; vielleicht noch etwas Kräuteressig hinzufügen, um den Geschmack abzurunden.

Wenn der Heringsalat bis zum Heiligen Abend durchgezogen ist, kommen alle Zutaten köstlich zur Geltung. Die Hausfrau verziert ihn noch mit gekochten und geviertelten Eiern und Petersilie. Ein Genuss für Feinschmecker, und – sanft getönt durch den Saft der roten Rübe – eine Freude für das Auge.

Nikolaus oder Weihnachtsmann?

Das ist hier die Frage. Und sie ist offenbar nicht so leicht zu lösen, wenigstens jetzt nicht mehr, seit in der Weihnachtszeit viele weißbärtige Gestalten im roten Kapuzenmantel unterwegs sind. „Die Nikoläuse" sagt man im vorweihnachtlichen Jargon und meint die gemieteten und verkleideten malerischen Figuren, die durch die Straßen, die Kaufhäuser, die Kindergärten gehen und auch wohl zu Hause erscheinen, immer eine behandschuhte Hand an einer Tasche mit Süßigkeiten.

Nein, diese Herren im roten Rock sind keineswegs die Stellvertreter des heiligen Nikolaus. Sie sind Weihnachtsmänner, in solcher Heerschar früher nur in Amerika üblich. Von dort kommt auch die Vorstellung, dass Santa Claus sich mit einem von Elchen gezogenen Schlitten auf den Weg macht, um gute Kinder zu loben und die kleinen Nichtsnutze streng zu ermahnen.

Der Weihnachtsmann ist aber letztlich doch eine deutsche Spezialität. Wir verdanken sie dem romantischen Maler Moritz von Schwind (1804-1871). Er war es, der diese malerische Figur im roten Mantel erfand, ihr rote Bäckchen über den weissen Bart tuschte und sie in die winterliche Welt entließ. Moritz von Schwind hat den freundlichen alten Herrn keineswegs als Nikolaus auf den Weg geschickt, sondern als „Herrn Winter" vorgestellt, zu dem der Hörnerschlitten und der Sack mit den vielen Päckchen nachher erfunden wurde. So wanderte Herr Winter über den großen Teich, wurde dort mit dem heiligen Nikolaus verwechselt und gewann als „Santa Claus" große Popularität – und Werbekraft in der Vorweihnachtszeit. Unter diesem Vorzeichen sind denn auch unsere „Nikoläuse" der Einkaufswochen vor dem Fest zu sehen, wozu auch noch die niederländisch griffige Vorstellung des wohltätigen „Sinter Klaas" beigetragen hat.

Der also zwischen die Nationen und auch Religionen geratene Heilige ist im Rheinland noch am ehesten in seiner historischen Wirklichkeit wiederzufinden. Hier hat man zum mindesten bis zur Mitte des vorigen Jahrhunderts im Familienkreis oder in Schulen und Kindergärten weitgehend an der geschichtlich beglaubigten Erscheinung des heiligen Nikolaus festgehalten. Er erschien nicht im roten Kapuzenmantel mit Bart, sondern im Bischofsgewand mit der Mitra und dem Krummstab.

Und damit sind wir schon bei der Lebensgeschichte des heiligen Nikolaus. Er war Bischof von Myra in Lykien in Kleinasien (Demeter in der heutigen Türkei). Überliefert ist, dass er noch von der letzten Welle der Christenverfolgung unter Diokletian zu leiden hatte und erst in seine Bischofsstadt zurückkehren konnte, als Kaiser Konstantin das Christentum zur Staatsreligion erhob. Er starb um das Jahr 350, ein Kirchenfürst, der auf dem Konzil von Nicaea eine Stütze der noch jungen Kirche gewesen war. Seine Gebeine wurden im Jahre 1087 nach Bari verbracht und in der Krypta der Basilika Sante Nicole bewahrt.

Wallfahrer der Ostkirche suchen noch seine ursprüngliche Grabstelle auf, wo ein zerbrochener Sarkophag an ihn erinnert. Der Heilige ist bei der Trennung der beiden christlichen Kirchen in Ost und West von beiden anerkannt und verehrt worden und steht in Russland im gleichen Rang wie die Muttergottes.

Nördlich der Alpen setzte seine Verehrung um das Jahr 1000 ein. Sie wurde von der Hanse bis in das Baltenland und in den hohen Norden getragen. Die Handelsstraßen und Schifffahrtswege des Mittelalters sind begleitet von Nikolauskirchen und Kapellen. Um den mildtätigen und hilfreichen Bischof von Myra, der seine Stadt auch einmal durch ein Wunder vor einer Hungersnot bewahrt haben soll, bildeten sich sehr früh Legenden. So wird berichtet, er habe drei Nächte nacheinander je einen Beutel Gold einem verarmten Edelmann in das Fenster geworfen für die Aussteuer seiner Töchter.

Drei hohe Beamte, die nach verleumderischer Anklage zum Tode verurteilt waren, rettete er, indem nachts dem Kaiser erschien und ihn veranlasste, das ungerechte Urteil aufzuheben. Drei Knaben, die ein Wirt getötet und zerstückelt in einem Bottich versteckt hatte, erweckte er zum Leben. Die häufige Wiederkehr der Zahl 3 in den Nikolauslegenden entspricht der philosophischen, magischen und religiösen Vorstellung von der ersten ungeraden Zahl, die in fast allen Kulturen vorkommt. In der Kunst wird St. Nikolaus dargestellt mit drei Broten in der Hand wegen der Rettung seiner Stadt Myra vor der Hungersnot, aber auch in einem schiffartigen Bottich auf hoher See mit den drei geretteten Knaben. St. Nikolaus ist der Patron der Seeleute, der Bäcker, der Metzger, und auch der Notare und Advokaten. Im Rheinland gilt er besonders als Patron der Schiffer, und sein Abbild ist oft an Bord zu sehen. Der Nikolaustag gehörte hier zu den hohen kirchlichen Feiertagen des Jahres. Nach dem Kalendarium der alten Universität in Köln wurde der Tag des Hl. Nikolaus als „dies festus" begangen, an dem der Lehrbetrieb ganz ruhte. Auch am Vortag des Festes fanden keine Vorlesungen stand, und an den Vorabenden wurde in den damaligen Studentenwohnheimen, den Bursen, gefeiert.

Seit wann Nikolaus selbst in Erscheinung tritt, lässt sich nur schwer festlegen und dürfte örtlich sehr verschieden sein. Sicher brachte er seine Gaben im 19. Jahrhundert noch heimlich in der Dunkelheit. So gingen in Uedem am Niederrhein die Kinder am Vorabend des Nikolaustages früh zu Bett, nachdem sie vorher „et Sente-Kloas-Klömpke" auf die Türschwelle gesetzt hatten. „Et Klömpke" war ein kleiner Schuh, den die Kinder ähnlich wie einen Holzschuh aus einer Rübe oder einer großen Möhre geschnitzelt hatten. Aber auch ihre eigenen Holzschuhe durften sie vor die Tür setzen, damit St. Nikolaus sie beim Vorübergehen füllte.

Am Vorabend hatten die Kinder gesungen:

Sinter Kloos, hellige Mann
bring die kleene Kinder wat.
Loat die Groote loope,
die könne sech selvs wat koope.

Mancherorts öffneten die Kinder auch das Fenster, wenn sie sangen, und der Heilige warf ihnen eine Tüte mit Plätzchen,

❄ 47 ❄

Äpfeln und Nüssen hinein. Er ritt, wie die Kinder glaubten, ähnlich St. Martin einen Schimmel, dem sie Schüsseln mit Heu oder Hafer und mit Wasser vor die Haustür stellten.

In der flämischen Stadt Kortrijk kommt Nikolaus noch heute in Bischofstracht mit einem Schiff, geht, feierlich begrüßt vom Magistrat der Stadt, an Land, und viele Kinder begleiten ihn zum Rathaus, reichen ihm ihre Wunschzettel und werden mit kleinen Gaben beschenkt. Maskierte Tänzer begleiten den Zug.

Lange blieb der Nikolaustag das eigentliche Geschenkfest im Rheinland, vor allem am Niederrhein in den grenznahen Gebieten zu den Niederlanden, während Weihachten eher als kirchliches Fest begangen wurde.

Dem Heiligen standen beim Austeilen der Geschenke freundliche Helferinnnen zur Seite, die heilige Barbara und die heilige Luzia, die mit ihren Festtagen am 4. und am 13. Dezember ganz in seiner Nähe sind. Beide stehen als Märtyrerinnen des frühesten Christentums im Kalendarium der Kirche. Barbara, eine von den vierzehn Nothelfern, ist als Patronin im rheinischen Bergbau bekannt und schützt vor Feuersbrünsten. Luzia muss schon früh am Niederrhein in Walbek verehrt worden sein. Sie gilt als Lichtbringerin, denn mit ihrem Fest sind der kürzeste Tag und die längste Nacht des Winters überschritten. Eine Lucienkirche ist in Walbek im Jahr 1255 erwähnt, eine Kapelle 1677. Der Volksmund kennt auch einen Luceienpfad bei Walbek.

Bekannter als diese heiligen Frauen ist Knecht Ruprecht oder „de swatte Piet" als Begleiter des hl. Nikolaus. Immer in schwarz gekleidet, meist auch mit geschwärztem Gesicht, droht er den Kindern, die kein Gebet sprechen können, mit der Rute. „Sinter Kloos brengt die Düwel met; der steckt euch in den Sack", warnten die Eltern, und in der Tat hatte Knecht Ruprecht einen Sack auf der Schulter, aus dem die Beine einer Strohpuppe baumelten.

Vermutlich muss diese Schreckgestalt, die im Köln-Bonner Umkreis „Hans Muff" hieß, als Nachkomme der germanisch vorchristlichen Winterdämonen angesehen werden, von denen später noch die Rede sein wird. Pädagogische Aufklärungstendenzen haben den Knecht Ruprecht heftig bekämpft. Sicherlich hat keiner dieser gelehrten Pädagogen jemals die besondere Stimmung eines Nikolausabends zwischen Beglückung und atemloser Spannung erlebt, wenn Nikolaus schließlich den „Düwel" zu seinen Füßen kuschen ließ und ihm befahl, aus dem gefürchteten Sack nun die Geschenke auszupacken.

Bethlehem am Niederrhein

Dem Pfarrer Gerhardt Vynhoven, der im Jahr 1628 die Gemeinde von Osterath übernahm, konnte keiner nachsagen, er sei auf die gefühlsselige Seite gefallen. Er war bisher Feldkaplan des Reitergenerals Jan van Werth gewesen, bei dem es rau zuging, und er hatte mancher armen, beladenen Seele noch in der letzten Stunde beigestanden, unendlich viele auf dem Schlachtfeld ohne Trost sterben sehen müssen. Aber Vynhoven wusste auch, und er erfuhr es täglich mehr, was die Menschen besonders auf dem platten und offenen Land im Krieg, den man nachher den Dreißigjährigen nennen sollte, zu leiden hatten. Sie waren stumpf geworden unter dem Schrecken immer wiederkehrender Überfälle mit Raub und Totschlag durch umherziehende Horden roher Kriegsknechte. Und zu gleicher Zeit hatte der Hexenwahn sie das Grauen gelehrt. Unter solchen Zeitläufen war ihnen der Glauben abhanden gekommen. Gerhardt Vynhoven wollte den Menschen den Glauben zurückgeben, ihnen eine Stätte schaffen, an der sie wieder anknüpfen könnten an das, was früher ihr Herz bewegt und ihre Seele in die Gnade Gottes eingebettet hatte.

So schuf er eine Wallfahrtskirche, die weithin einzigartig ist. Hier sollten Krippe und Kreuz nebeneinander sichtbar gemacht, die ersten und die letzten Tage Christi anschaulich vor die Menschen gestellt werden.

Gerhardt Vynhoven war ein gründlicher Mann und ein gebildeter Priester. 1596 in Neersen geboren, hatte er in Douai, in den damals spanischen Niederlanden, studiert und sich in der Welt umgesehen. Er wollte tiefer loten und es nicht bei der gewohnten Symbolik belassen, sondern die Menschen gleichsam unmittelbar hinführen zu den Ursprungsstätten der Christenheit. 1625 war Vynhoven zum ersten Mal aufgebrochen nach Palästina. Es war eine abenteuerliche und gefahrvolle Reise, die er angetreten hatte. Er muss sich im Heiligen Land, kriegserfahren wie er war, durch besondere Taten ausgezeichnet haben, denn er kehrte zurück mit der Würde des Goldenen Ritterordens und als Ritter des Heiligen Grabes.

Wahrscheinlich war Vynhoven 1632 erneut im Heiligen Land, und er berichtet in einem Brief an den Kurfürsten Maximilian von Bayern, er habe „niet wenig Mühseligkeit und andere Gefahren" zu bestehen gehabt.

Die Frucht seiner Reisen aber war die Anlage der Wallfahrtskirche Beth-Jerusalem in der Eicker Heide bei Neersen, das heute ein Ortsteil von Willich ist.

Ganz in der Nähe seines Geburtshauses in Neersen, auf einem kleinen Hügel, errichtete er eine Kapelle. Er setzte sein ganzes elterliches Erbe ein, um den Menschen die Botschaft aus dem Heiligen Land zu bringen.

Der Bau, der heute noch steht, hat eine einschiffige hochgelegene Oberkirche und eine Unterkirche. Die Unterkirche besteht aus einem System von Gängen und Kammern und kleinen Kapellen, in deren Mitte eine Nachbildung der Geburtsgrotte steht. Nach unendlich vielen Notizen und Details, die Vynhoven in Bethlehem niedergeschrieben hatte, rekonstruierte er hier die Stätte der Geburt Christi so, wie er sie kurz vor der Mitte des 17. Jahrhunderts im Heiligen Land vorgefunden hatte. Und wie an der Geburtsstätte in Bethlehem, befindet sich auch in der Unterkirche rechts vor der eigentlichen Grotte ein Stern in den Fußboden eingelassen. Er bezeichnet den Standort der Krippe in der Nische und in der Nähe eines Dreikönigenaltares. Rundum in den verzweigten Gängen und Räumen der Krypta erzählt Vynhoven in vielen Darstellungen die Jugendgeschichte Jesu, so dass sich der Besucher im Heiligen Land wähnen kann. Eine Marienkapelle ist dem Haus von Nazareth nachgebildet, weitere sind dem Hl. Josef gewidmet und dem Gedächtnis der Unschuldigen Kinder, die Herodes töten ließ.

Hier, in unmittelbarer Nähe der Krippe, um die er soviel „Mühsal auf sich genommen hatte, wurde Gerhardt Vynhoven auch beigesetzt, als er 1674 im Düsseldorfer Haus des Grafen Adrian von Virmond, Besitzer von Schloss Neersen, verstarb.

Wie die Theologie von heute die Geburt Christi in der Krippe von Bethlehem mit dem Kreuzestod auf Golgatha verbindet, so tat es auch Gerhardt Vynhoven. Nach den lieblichen Szenen der Geburt und der Jugend Christi steigt man hinauf in die Oberkirche und findet hier eine Nachbildung der Grabeskirche von Jerusalem.

Auch hiermit hat es eine besondere Bewandtnis: die originale Grabeskirche wurde bekanntlich durch einen großen Brand am 12. Oktober 1808 zerstört. Einzig die exakte Rekonstruktion des Gerhardt Vynhoven erlaubt es den Besuchern, sich eine Vorstellung von dem früheren Zustand des Grabes zu machen. „Beth-Jerusalem" nannte der glaubenseifrige Priester, Forscher, Feldkaplan des Reitergenerals Jan van Werth die Stätte, die er erschaffen hatte, um die Menschen aus dem Grauen des Dreißigjährigen Krieges wieder zum Glauben an das Wunder der Weihnacht und der Erlösung zu führen. Menschen vom ganzen Niederrhein und aus den Niederlanden kamen zu seinen Zeiten hierher; bis heute ist das Bethlehem auf dem Hügel in Neersen unvergessen und bleibt das Ziel vieler Besucher.

„Wo bleibst du, Trost der gantzen Welt?"

Die Weihnachtslieder des Rheinländers Friedrich von Spee

Es war um das fünfte Jahr des Dreißigjährigen Krieges, als Friedrich Spee von Langenfeld sein Adventslied schrieb. Seine Strophen hatten nichts von sanfter Erwartung und stiller Vorfreude. Ihm wird nach beidem nicht zu Mute gewesen sein. Es sah böse aus in der Welt. Der Krieg hatte von Böhmen her kommend den Rhein erreicht und tobte mit allen Schrecken. Der Feldherr Tilly hielt das Land von der Pfalz im Süden und von Westfalen im Nordwesten her in der Zange. Dazu wüteten, aufgepeitscht von der Erregung der erschütterten Zeit, die Hexenprozesse. Friedrich von Spee, am 15. Feruar 1591 als Sohn eines Burggrafen in Kaiserswerth geboren, der 19-jährig in den Orden der Jesuiten eingetreten war, hatte den Auftrag, den angeblichen Hexen nach harten Verhören und grausamer Folter die Beichte abzunehmen und sie zum Scheiterhaufen zu begleiten. Er war eben dreißig Jahre, als sein Haar schon weiß geworden war über den Jammer der Welt. „Das kommt von den Hexen", hat Spee oft gesagt und ließ zugleich wissen, dass keine, die er zum Tod geleitet, schuldig gewesen sei. In seinem Werk „Cautio Criminalis oder rechtliche Bedenken gegen die Hexenprozesse" wandte sich Spee 1631 an die Fürsten und Advokaten und gegen die Prozessverfahren. Es war die tapferste Tat des Dreißigjährigen Krieges", sollte später der Historiker Golo Mann sagen. Sie brachte ihn selbst in Lebensgefahr.

Der Mann, dem das Elend dieser Welt so hautnahe war, rief im leidenschaftlichen Aufschrei zu Gott um Hilfe:

O Heiland reiss die Himmel auf . . .

und fragte verzweifelt:

Wo bleibst du, Trost der gantzen Welt?

Friedrich Spees Adventslied hat die bildnerische Wucht eines barocken Deckengemäldes, wie wir es in den Gewölben der Kirchen sehen. Wolken brechen da auf und ergießen Hilfe und Segen über die Erde. Noch nie hatte die deutsche Dichtung, die sich eben erst wieder aus dem Latein der Gelehrten erhob, solche plastische Kraft gezeigt, wie in diesen bildhaften Strophen. Friedrich Spee bewegt gleichsam den ganzen Kosmos, wenn er ruft:

O Erdt schlag auß! Schlag auß o Erdt,
daß Berg und Thal grün alles werd

Er beschwört das Kommen des Heilands aus der aufbrechenden Erde. Hier schließt sich der Kreis zwischen der christlichen Dichtung und der frühgermanischen Vorstellung vom Wiederaufleben aller Naturkräfte mit dem neuen Licht. Hier ist Spee Poet und Naturdichter.

Das Prinzip Hoffnung steht auf und siegt auch bei Spee über die Finsternis der Welt. Seine Folge der Weihnachtslieder reicht von der Verkündigung bis zur Darstellung im Tempel, von der „Prophecey der Menschwerdung" mit dem ersten Alleluja der Weihnachtszeit bis Maria Lichtmess.

Spee erweckt ein himmliches Saitenspiel in dem Lied

Vom Himmel her, o Engel kommt.
Komt ohne instrumenta nit,
Bringt Lauten, Harpffen, Geygen mit

Aus Paris kommt ihm dazu die Melodie eines alten Weihnachtswiegenliedes, das wir noch heute anstimmen: „ Zu Bethlehem geboren . . ."

Es steht in einem „Psälterlein" aus dem Jahr 1638. Als es veröffentlicht wurde, war Friedrich von Spee schon 1635 in Trier verstorben, infiziert bei der Pflege von Pestkranken. Sein Grab wurde erst vor einigen Jahren wieder aufgefunden.

Er wusste nichts von seinem späteren Ruhm, als er dichtete, wie es ihm seine herzliche Freude an der Natur und seine Frömmigkeit eingaben. Naturnah ist auch sein Hirtenlied „Als ich bey meinen Schafen wacht". Es endet lateinisch wie ältere Weihnachtslieder „Benedicamus Domino". Zum Fest der Erscheinung schrieb Spee die Verse:

Es führt drey König Gottes Hand
Mit einem Stern auß Morgenlandt.

und schließt:

O Gott, erleucht vom Himmel fern
die ganze Welt mit diesem Stern.

Sie hatte es damals wie auch heute bitter nötig.

Friedrich Spee von Langenfeld hat insgesamt zehn Weihnachtslieder geschrieben, die heute noch gesungen werden, eingegangen in die Liederbücher beider Konfessionen.

Er hat mit seinen Liedern beweisen wollen, „dass nitt alleyn in lateinischer sprach und anderer sondern gar auch in der Teutschen man recht zierlich, lieblich und gut poetisch reden und dichten kann". So schrieb er im Vorwort seiner „Trutz-Nachtigall", einer Sammlung geistlicher Lieder von mystischer Transzendenz und Naturnähe zu der sichtbaren Schöpfung. Er schrieb, „damit Gott auch einen Poeten in deutscher Sprache hätte".

Die Mitwelt hat nur wenig von seiner geistlichen Poesie gewusst, denn seine „Trutz-Nachtigall" und sein „Güldenes Tugendbuch", das er den Frauen seiner Zeit zu Gebet und Andacht widmete, wurden erst nach seinem Tode veröffentlicht.

Die Nachwelt hat Spee als einen der großen Barockdichter erkannt und geehrt. Der Literarhistoriker Adolf Barthels nennt Spees Lied *„In stiller Nacht, zur ersten Wacht, ein Stimm begann zu klagen"* „das wohl beste Gedicht seiner Zeit überhaupt".

Das letzte Wort indessen haben die Christen beider Konfessionen. Sie lassen Spees Lieder zu jeder Weihnachtszeit (wie auch zu anderen Zeiten des Jahres) neu aufleben. Und die Strophen mit ihrer herzhaften altmodischen Innigkeit klingen „auß herzens grund . . . jetzt und zu aller Stund.“

Die Krippenbauer von St. Margareta

Rund um die romanische Basilika St. Margareta in Gerresheim, einem Vorort von Düsseldorf, wohnen die Männer, die Jahr für Jahr neue Krippenhäuser bauen, und das schon seit 1934. Damals, zu Beginn der nationalsozialistischen Herrschaft, die allem Christlichen feindlich gegenüber stand, bürgerliche und kirchliche Aktivitäten lahm legte und verbot, gründete ein Gerresheimer namens Tony Kryn mit Freunden aus dem damaligen Arbeiter- und Handwerkerverein eine Krippenbastelgruppe. Aus ihr ging später die weitaus größere Vereinigung der „Krippenfreunde St. Margareta" hervor. Tony Kryn starb 1999 und ein Jahr später, zur Jahrhundertwende 2000, ehrte die Stadt Düsseldorf ihn, indem sie einen Weg in Gerresheim nach dem unentwegten Krippenbauer benannte, der echte Volksfrömmigkeit und und christliches Gedankengut erhalten und weiter getragen und eine Tradition geschaffen hatte.

Seinem Namen nach muss Tony Kryn Nachfahre der Zuwanderer aus Osteuropa gewesen sein, die in der frühindustriellen Zeit an der Gerresheimer Glashütte Arbeit und im Glashüttenviertel, benachbart dem malerischen Alt-Gerresheim mit der Basilika St. Margareta, Wohnung fanden.

Aus diesem Umfeld stammte Tony Kryn, der die Krippenbauer um sich sammelte. Die heutigen Krippenfreunde sind das ganze Jahr über tätig. Sie beziehen ihre Arbeit auf die früheste Tradition, auf die Krippe, die der heilige Franziskus im Jahre 1223 in der Kirche von Greccio als Grotte zum Mitternachtsgottesdienst errichten ließ. Später entstand der Typus des Krippenstalles, in dem die Geburt nach dem Lukas-Evangelium stattfand. Ihn haben die Männer in Gerresheim gewählt. Im Frühjahr und Sommer sammeln sie das Material für ihre Arbeit. Skurrile Baumwurzeln, Schindeln, die sie von zerfallenden Dächern in Österreich mitbringen, Schwemmholz aus dem Rhein und von den niederländischen Küsten, das sind die Baustoffe, aus denen nun die Krippenhäuser entstehen, kleine Kunstwerke, jedes von eigenem Reiz. Die Figuren werden hinzugekauft, oft aus italienischer traditionsreicher Produktion. In der Vorweihnachtszeit werden die Krippen ausgestellt und zum Kauf angeboten. Der Ort der Ausstellung allein ist einen Besuch wert. Die Krippenfreunde können ihre Schöpfungen in dem romanischen Stiftsbau zeigen, der der Basilika St. Margareta angegliedert ist. Sie wurde 1236 als Stiftskirche gebaut und als Folge der Säkularisation seit 1809 Pfarrkirche von Gerresheim. Die Kirche enthält eines der ältesten Monumentalkreuze des Abendlandes und eine Heilig-Blut-Reliquie, Anlass der jährlichen Gerresheimer Blutprozession.

Der Saal, der die Krippenausstellung aufnimmt, ist das Dormitorium eines ehemaligen hochadligen Frauenkonvents aus dem Gründungsjahr 909, eines der größten erhaltenen romanischen Wohngebäude im Rheinland.

Die Ausstellung der Gerresheimer Krippenfreunde ist alljährlich Treffpunkt vieler Menschen, die abseits des heutigen Konsumrauschs stillere Weihnachtserlebnisse suchen. Den Erlös der Ausstellung wenden die Krippenbauer in Übereinstimmung mit dem Pfarrer von St. Margareta jeweils wohltätigen Zwecken zu.

„Wer das Kindlein wiegen will"

Wenn am Ende der Christmette die Orgel die Schalmeien der Hirtenweisen aufklingen läßt, erinnert ihre sanfte Melodie an einen alten rheinischen Brauch, das „Kindleinwiegen". Er kam von weither an den Rhein, vermutlich schon aus der Nachfolge des Hl. Franziskus, wanderte um das Jahr 1000 über Tirol nach Salzburg, und kam gegen 1500 nach Köln. Hier bezeugt der Kölner Ratsherr Hermann von Weinsberg, ein vielzitierter getreuer Chronist, den Brauch.

Er wurde 500 Jahre lang geübt im Rheinland. Noch um das Jahr 1900 finden wir das Kindleinwiegen in der kleinen Stadt Blankenberg an der Sieg in der Kirche St. Katharinen. Mancherorts wurde das Christkind aus der Krippe genommen und von Frauen auf dem Arm getragen, während die Gemeinde das Wiegenlied sang, eines der ältesten, deutsch-lateinischen Weihnachtslieder:

Puer natus israel,
wer's Kindlein wiegen will,
der wiege schnell.
St. Joseph ist der beste Mann,
der das Kindgen wiegen kann.
Hejoté, Hejoté,
Ex Maria Virgine.

Das Lied wurde dreimal wiederholt, und die Gemeinde bewegte sich dabei in dem sanft wiegenden Rhyhtmus. Wenn einer aus dem Takt geriet oder dem Organisten ein Fehler unterlief, so hieß es: er hat das Kindlein fallen lassen.

Um das Jahr 1800 war es noch üblich am Niederrhein, dass die Kinder Ende der Christmette ihre Puppenwiegen mitbrachten. Der Küster stellte sie auf einen Tisch vor dem Altar oder vor der Krippe auf, und die Kinder sangen das alte Lied, wie es vor ihnen schon Generationen gesungen hatten. Auch in der Weihnachtsstube zu Hause gab es das Kindleinwiegen und Singen zur schummerigen Abendstunde. Und hier dürfen wir noch einmal an den Kölner Ratsherrn Hermann von Weinsberg erinnern, der auch schon berichtet, man habe zu seiner Zeit, d. h. im 16. Jahrhundert, das Jesuskind im eigenen Haus gewiegt und sei „fröhlich mit ihm gewesen", was darauf hindeutet, dass das Kindleinwiegen ein eigenes Fest mit Gästen und Bewirtung war. Da ging es später doch bescheidener zu in den rheinischen Familien. Erst zu Beginn des 20. Jahrhunderts verliert sich das Kindleinwiegen am Rhein. Erhalten hat sich nur da und dort die dreimalige Hirtenschalmei am Ende der Mette.

Die Preußen brachten den Weihnachtsbaum

an den Rhein

Es ist noch garnicht so lange her, seit im Rheinland „de Kressboom parat gemach wird". Was wir als unerschütterliche Tradition ansehen, ist, historisch gesehen, ein Brauch der Neuzeit, und die ersten Lichterbäume wurden nicht etwa in alteingesessenen Familien, sondern in den Häusern der preußischen Beamten und Militärs entzündet, die nach der napoleonischen Zeit an den Rhein gekommen waren.

Wir drehen das Rad der Zeit kurz zurück auf das Jahr 1815. Damals wurde das Rheinland auf dem Wiener Kongress Preußen zugeteilt, eine Maßnahme, von der weder die Preussen noch die Rheinländer abegeistert waren. Doch man arrangierte sich. Und man guckte sich gegenseitig auch das eine oder andere ab. Die Rheinländer hatten Jahrhunderte lang das Weihnachtsfest an der Krippe in der Kirche gefeiert mit Singen und Kindleinwiegen, hatten daraus Krippenspiele entwickelt, die in Köln bezeichnenderweise als „Krippenhännesje" mit heiteren Zwischenszenen angereichert wurden.

Und obgleich der Christbaum schon im 16. Jahrhundert in deutschen Städten vermutlich als Zunftbrauchtum ungeschmückt erscheint, 1539 im Straßburger Münster bezeugt wird, im 17. Jahrhundert am Oberrhein so verbreitet war, dass der protestantische Prediger Johann Konrad Dannhäuser 1642 im Elsass gegen den mit Puppen und Zuckerwerk geschmückten Baum als „Kinderspiel" wetterte, verbreitete sich die Sitte nicht rheinabwärts. Übrigens berichtet auch die berühmte Liselott' von der Pfalz, als deutsche Prinzessin Schwägerin des Sonnenkönigs geworden, sehnsüchtig in ihren Briefen, es sei in Deutschland üblich, zu Weihnachten kleine Buchsbäume mit Lichtchen zu schmücken.

Im 18. Jahrhundert erscheint der Tannenbaum in Preußen bei Adel und Bildungsbürgertum, so 1780 bei dem Berliner Verleger und Schriftsteller Friedrich Nicolai, später auch in Bürger- und Handwerkerkreisen. Lange aber haftete dem Weihnachtsbaum der Hauch des Elitären an. 1812 wurde erstmals in der Wiener Hofburg ein Baum geschmückt, 1830 in der Münchner Residenz. Das gemütvolle Biedermeier hat dem Weihnachtsbaum recht eigentlich erst den Weg bereitet. Auf zeitgenössischen Bildern erscheint zwar um 1820 statt des natürlichen Baumes oft noch eine aus Latten gefertigte Pyramide, auf der Tannengrün und Kerzen befestigt sind.

Für das Rheinland kam, wie schon bedeutet, der Weihnachtsbaum mit den hierher versetzten gehobenen preußischen Familien zur Geltung. Aber während schon 1851 die Eisenbahn erste Weihnachtsbaumladungen nach Berlin brachte, wurde er am Rhein bedächtiger aufgenommen.

Den großen Durchbruch aber brachte der nationale Aufwind des Kriegsjahrs 1870/71. Christbäume in den Schützengräben, den Unterständen, den Lazaretten, auf Weisung der Heerführer aufgestellt, waren das Symbol der Friedenssehnsucht, der Familienverbundenheit und des Heimwehs. Mit der großen Welle der vaterländischen Gefühle erhielt der Tannenbaum allenthalben Geltung. Das wiederholte sich noch einmal im Ersten Weltkrieg.

Im Rheinland blieb indes die alte Bindung an die Krippe als ursprüngliches Symbol der Weihnacht bestehen, und so bürgerte sich vor allem am Niederhein die Sitte ein, Baum und Krippe aufzubauen.

Während der Tannenbaum in Europa noch fast ein halbes Jahrhundert der Familie oder einem engeren Kreis vorbehalten blieb, wurde er in Amerika in die Öffentlichkeit gerückt. 1912 erlebte New York den ersten mit elektrischen Kerzen bestückten Weihnachtsbaum: Schauplatz Madison Square Garden. Wieder einmal ist, wie beim missverstandenen Nikolaus, ein deutscher Brauch über den Atlantik gegangen und nach Deutschland zurückgekehrt. Unmittelbar nach dem Ersten Weltkrieg, anno 1919, wurden auch die ersten Weihnachtsbäume in den deutschen Städten aufgestellt. Der Rheinländer, desillusioniert vom verlorenen Krieg, schwer belastet durch die zeitweise Abtrennung vom Reich durch die Besatzung, reimte sorgenvoll:

O Tanneboom, O Tanneboom
wie soll et blos ens wigger jonn?

Es ging weiter, und selbst nach dem Zweiten Weltkrieg, der die rheinischen Städte in Trümmer sinken ließ, leuchteten schon 1945 wieder Tannenbäume inmitten der Ruinen. Seither ist der Weihnachtsbaum aus dem Bild der Städte nicht mehr wegzudenken. Aus mehreren Tannen werden die großen Lichterbäume vor den Rathäusern erstellt. Und mehr und mehr kommt die Sitte auf, im eigenen Vorgarten, auf dem Balkon, auf der Terrasse einen Baum leuchten zu lassen oder Lichterketten in die kahlen Äste der Alleebäume zu flechten. Ein Beweis mehr, dass ein Brauch am Leben bleibt, wenn er mit Zeiten und Menschen weiter wächst.

137 Weihnachtsmärkte im Rheinland

Rechts und links des Rheines, von Kleve und Emmerich bis zur Grenze von Rheinland-Pfalz bei Bad Godesberg und Bad Honnef, hoch in die Eifel bis Blankenheim und Monschau, im Bergischen Land bis Reichshof und Gummersbach und bis ins Siebengebirge reichen die Weihnachtsmärkte. Sozusagen auch nach dem Alphabet von A bis Z, von Westen nach Osten oder von Aachen bis Xanten und Zons, wo sich der Markt im malerischen Museum etabliert. Sie breiten sich bunt und erleuchtet aus in Fußgängerzonen, auf Marktplätzen, rund um Kirchen, auf Burghöfen und im Schutz mittelalterlicher Stadtmauern.

Die rheinischen Weihnachtsmärkte haben eine solche Anziehungskraft, dass die Besucher auch aus dem benachbarten Ausland, aus den Niederlanden und Belgien kommen und oft mehrere Tage bleiben, so dass pauschale Reise- und Aufenthaltsangebote viel genutzt werden.

Die Domstadt Köln bietet gleich vier mal ihre Weihnachtsherrlichkeiten an, auf dem Alter Markt, auf dem Neumarkt, am Dom und auf dem Rudolfplatz. Uberall gibt es rheinische Spezialitäten. Folklore, Puppenspiele und Kinderbescherung durch Nikolaus und Knecht Ruprecht. Bonn baut seinen Weihnachtsmarkt zwischen dem gotischen Münster und dem Beethovendenkmal auf. Im benachbarten Bad Godesberg steht er im Schatten der beleuchteten Burg, die wie eine übermächtige Kerze in den dunklen Winterhimmel ragt.

In Siegburg jenseits des Rheines geht es mittelalterlich bunt zu vor dem Michelsberg. Tänzer, Pfeifer, Handwerker bieten „Allerley Zunft und Kurtzweyl", und Spielleute lassen Jahrhunderte alte Weisen zu Laute und Schalmei erklingen.

In der Kaiserstadt Aachen bilden Dom und Rathaus eine großartige Kulisse. Turmbläser senden Choräle über den Markt, und eine Märchenerzählerin lockt die Kinder an. Und natürlich gibt es neben anderen Herrlichkeiten die berühmten Aachener

Printen in allen Variationen.

Die Landeshauptstadt Düsseldorf hat zwei Märkte mit rund 120 Ausstellern. In der malerischen Altstadt ist der Nikolausmarkt angesiedelt, eine weitere Budenstadt mit großem Geschenksortiment nimmt den Schadowplatz ein.

Krefeld zeigt seinen Weihnachtsmarkt rund um die Dionysiuskirche, und auf dem Nikolausmarkt in Uerdingen kommt der Heilige Mann aus den Niederlanden persönlich zu Besuch.

In Leichlingen wird ein Bratapfelfest gefeiert, und in Mettmann tagt der Blotschenmarkt auf historischem Platz mit täglichem Bühnenprogramm. Mitten im Wald feiert Ratingen-Hösel in der Vorweihnachtszeit, und in Tiefenbroich findet der Markt auf einem Bauernhof statt.

Urechte niederrheinische Vorweihnacht gibt es in Rheinberg, wo in den verschiedenen angeschlossenen Gemeinden gleich vier Mal Märkte aufgebaut werden, einer davon sogar überdacht. Im Schatten der berühmten Narrenmühle in Dülken wird der Adventsmarkt eingerichtet, in Kevelaer der Krippenmarkt mit lebenden Tieren.

Von da ist es nicht weit bis zur alten Römerstadt Xanten, wo „der andere Weihnachtsmarkt" die Kunsthandwerker mit ihrem traditionellen Künsten vorstellt. An den Marktständen werden nur echt vorweihnachtliche Waren angeboten. Und für Kinder und Kenner gibt es leckere Bratäpfel und Grünkohl nach niederrheinischem Rezept.

Soweit die kleine Auswahl aus der großen Zahl der Weihnachtsmärkte, die für vier Wochen das Rheinland bevölkern.

Die Informations- und Verkehrsämter der Städte und Gemeinden geben Auskunft über ihr Vorweihnachtsprogramm.

Himmlische Heerscharen, Könige und Hirten

Krippenzentrum Kevelaer

Es war an einem strahlenden Tag im Mai, als wir im niederrheinischen Wallfahrtsort Kevelaer das Haus der hundert Krippen entdeckten. Krippen das ganze Jahr hindurch. So dicht sind sie stufenförmig auf langen Regalen aufgebaut, dass ich schon gleich mit einer ungeschickten Bewegung einen der Heiligen Drei Könige von seinem Standort stürzte. Erschrocken ob dieser Unachtsamkeit, mit allen Schaudern meiner Kinderzeit vor Augen, und in Erwartung vieler weißer unheilbarer Gipsbrocken, stand ich da. Aber nichts war geschehen.

Der freundliche Herr, der uns durch dieses Krippenparadies führte, hob den knieenden König wieder auf und stellte ihn an seinen Platz vor der Krippe. Die heutigen Figuren zerbrechen nicht mehr, wurden wir belehrt, und es gibt keine abgestoßenen Glieder, Nasen oder Kronen mehr, denn an die Stelle von Gips ist ein Kunststoff getreten, unzerbrechlich und überdies ein Material, das eine sehr zarte Transparenz der farbigen Fassung ergibt.

Unbeschwerter wanderten wir also weiter durch diese schier unermessliche Krippenlandschaft. Vor großen hölzernen Ställen mit musizierenden Engeln im Gebälk hüten Maria und Josef das Kind. Maria ist köstlich in Samt und Seide gekleidet, während Josef und die Hirten einen rauen Loden tragen. Die Könige kommen mit herrlichen Brokatroben. Krippen in allen Größen und Farben oder auch in naturbelassenem Holz, dessen zarte Maserung in einem Engelsflügel geradezu durchsichtig wird, oder in Ton, der eine milde Farbigkeit annimmt. Es gibt Krippen, die eng auf die heilige Familie bezogen sind, andere, die sich nicht genug tun können an dem Aufgebot der begleitender Figuren. Langsam schärft sich der Blick für die Verschiedenheit und die Herkunft der Krippen, für die Abwandlung des geschichtsträchtigen Themas von der Geburt Christi. Da sind bayerische und tiroler Krippen, bäuerliche und kunstvolle. Und da sind auch echte rheinische Krippen, Bauernhäuser, wie aus der Landschaft genommen, die mit breit gewalmten Dach den Hintergrund für die heilige Familie bilden. Sie werden hier vor Ort in eigenen Werkstätten hergestellt. Etwa 200 Menschen leben in Kevelaer von dem Bau der Krippenhäuser, von der Gestaltung der Figuren. Polychromeure geben ihnen die farbige Fassung, und Frauen nähen in Heimarbeit die Gewänder. In blauen Samt kleiden sie die Muttergottes, und nähen die goldenen Borten auf die Mäntel der Weisen aus dem Morgenland.

Krippen aus Kevelaer sind das ganze Jahr hindurch begehrt. Familien kommen, um „ihre" Krippe auszusuchen, kehren wieder, um sie zu vervollständigen. Bei jedem Kauf wird eine kleine Broschüre mitgegeben, die Auskunft gibt über alle zugehörigen Figuren. Denn Krippenfreunde sind fast immer auch Sammler. Sie verlieben sich in einen Hirten, der sein Schaf auf der Schulter trägt, in den Mohrenkönig, in einen Engel oder vielleicht einen ganzen Engelchor.

Für jeden ist die eigene Krippe die unübertroffen schönste.

„Wer eine Krippe kauft und Jahr für Jahr daran weiterbaut, hat meist schon in der Jugend eine solche figürliche Darstellung der Weihnacht im Elternhaus erlebt", berichtet unser Führer. Aber die Tradition der Krippe im Bürgerhaus ist nicht so alt wie oft geglaubt wird. Die Darstellung der Geburt Christi war lange den Kirchen vorbehalten. Von Italien, bevorzugt von Neapel stammend, fand sie in Bayern und Tirol Verbreitung, seit die Jesuiten 1603 in der Michaelskirche in München die erste Krippe als volkstümliches Andachtsmittel aufgebaut hatten. Die kostbaren Krippen barocker Künstler waren nur bei dem Adel und dem reichen Bürgertum zu finden.

Eine breite Produktion setzte im Rheinland erst zu Beginn des 20. Jahrhunderts ein mit der religiösen Erneuerung nach dem Ersten Weltkrieg. Damals entstand 1920 die „Ars Christiana, Westdeutsche Vereinigung für christliche Kunst", gefördert besonders von der Benediktinerabtei auf dem Michaelsberg in Siegburg. Ein Künstlerwettbewerb zur Gestaltung von Weihnachtskrippen konnte 1921 seine Ergebnisse im Kunstgewerbemuseum in Düsseldorf vorstellen. Auch Professoren der dortigen Kunstakademie hatten Entwürfe im spätnazarenischen Stil beigetragen. Gefragt war neben der künstlerischen Aussagekraft auch Volkstümlichkeit. Ausgewählte Krippen wurden in Wanderausstellungen gezeigt. Gestaltungen von Künstlerhand wurden 1926 auch in der Bonner Münsterkrypta ausgestellt. 1925 war schon die Landesgemeinschaft der Krippenfreunde im Rheinland und Westfalen entstanden, und zahlreiche örtliche Krippenvereine taten sich auf.

Ein Schwerpunkt der Krippenproduktion hatte sich in Mönchengladbach gebildet, der aber schon 1925 nach Kevelaer verlegt wurde. Formen und „Patente" überführte der Polychromeur Arthur Rabbels dorthin und begann am neuen Standort die neue Produktion.

Und damit sind wir nach langem Exkurs, zu dem auch der Hauptkonservator des Rheinischen Amtes für Denkmalpflege, Prof. Gisbert Knopp, wichtige Fakten und Daten beitrug, wieder an unserem Ausgangspunkt, der rheinischen Krippenausstellung in Kevelaer angekommen. Alljährlich findet hier in der Vorweihnachtszeit auch in dem weiten Rund des Pilgerzentrums, dem Forum Pax Christi, ein Krippenmarkt statt, als dessen Sprecher und Hauptorganisator unser freundlicher Führer durch die Krippenlandschaften sich zu erkennen gab.

Gina und die Lokomotive

Erzählung

Der Winter war früh und hart gekommen, angekündigt von dicken Büscheln roter Beeren an den Sträuchern und einer reichen Ernte an Eicheln und Bucheckern für die Tiere. So erzählte meine Großmutter. Sie war damals eine junge Frau gewesen und sorgte für einen noch kleinen Hausstand mit zwei Kindern. Später sollten noch ein paar Orgelpfeifen dazu kommen.

„Du musst zeitig für Hausbrand sorgen", hatte sie zu ihrem Mann gesagt. „Hausbrand", das bedeutete bei den Eisenbahnern nicht etwa Kohlen oder Torf. „Hausbrand", das waren die dicken Kloben aus uraltem Eichenholz ausrangierter Eisenbahnschwellen, die an den Rändern der Schienstränge gelagert worden waren.

Es hätte ihrer Mahnung nicht bedurft, denn ihr Mann Johann Theodor Gruyters, junger Königlich Preussischer Bahnbeamter und Stationsvorsteher an einem winzigen Bahnhof am Niederrhein, hatte längst die Rottenarbeiter angewiesen, die alten Schwellen zum Bahnhof zu schaffen, zu zersägen und zu handlichen Stücken Feuerholz zu schlagen. Die Rottenarbeiter ihrerseits waren froh um den Auftrag, der ihnen nicht nur einen Anteil an dem Holz brachte, sondern auch ein paar zusätzliche Groschen für das Stapeln an der Wand des kleinen Bahnhofsgebäudes. Denn hier wohnte der Bahnhofsvorsteher mit seiner Familie.

Es war ein bescheidenes Gebäude, wie es die Oberste Preußische Baubehörde hundertfach gleichartig an den Strecken der Königlichen Eisenbahn erbaut hatte, zweistöckig und mit einem dreieckigen Giebel in der Mitte. Unten waren ebenerdig die kleine Schalterhalle, und zur Rechten und Linken die Lagerraume für Gepäck und Güter, die versandt werden sollten oder ankamen. Im oberen Geschoß aber wohnte der Bahnhofsvorsteher, und die Fenster der Küche und der guten Stube erlaubten der Frau und den Kindern, auf den Bahnsteig zu gucken und das Ankommen und Abfahren der Züge zu beobachten, während die Schlafzimmer die Aussicht auf den kleinen Bahnhofsvorplatz boten. Auf dem gleichen Geschoß hatte denn auch noch der Bahnassistent seine bescheidene Wohnung, ein sehr junger Mann, der sich noch weit und respektvoll von der Befehlsgewalt eines Bahnhofsvorstehers entfernt fühlte. Johann Theodor Gruyters war ein freundlicher Vorgesetzter, lud den Assistenten wohl abends auf eine Pfeife und ein Glas Bier ein und rückte ihm den holländischen Tabaktopf aus blaugrauem Steinzeug mit dem blitzenden Messingdeckel hin.

Und so war es auch wohl heute am 24. Dezember vorgesehen, dass der schüchterne Andreas Vandenbroek nach der Bescherung der Kinder in der Weihnachtsstube mit meinen Großeltern einen Teepunsch trinken sollte. Denn weder Johann Theodor Gruyters noch seine Frau Regina hätten es über das Herz gebracht, den jungen Mitarbeiter und Mitbewohner einsam bei seinem eisernen Ofen sitzen zu lassen. Und der eben examinierte devote Assistent hatte sich schon im voraus geehrt gefühlt.

Aber es sollte anders kommen.

Am Morgen waren noch letzte Kinderhemdchen und Höschen in die Holzbütt gewandert, denn die Hausfrau hielt darauf, dass zwischen Weihnachten und Neujahr nicht gewaschen werden durfte. Sonst könnte einer aus der Familie im Lauf des kommenden Jahres sterben. Und wenn sie auch an die vielen hochbetagten Verwandten dachte, wollte sie es nicht gewesen sein, die da ein Unglückszeichen setzte. So tauschte sie also befriedigt und resolut die große blaue Siamosenschürze, die sie bei der Wäsche zu tragen pflegte, gegen eine leichtere und zierliche Küchenschürze, denn ein bisschen eitel war sie selbst bei der Hausarbeit und wollte für ihren Johann Theodor auch am Herd appetitlich aussehen.

Schließlich konnte sie sich mit Kathrinchen an den Küchentisch setzen, um ein Kopje Kaffee zu trinken. Sie schob der sechzehnjährigen Bauerntochter, die bei der kaum zehn Jahre älteren Frau Bahnhofsvorsteher den Haushalt erlernen sollte, einen Teller mit Spekulatius zu, die ein bisschen beschädigt aus der Form gekommen waren. Was dem guten, gewürzigen Geschmack keinen Abbruch tat.

Die Kinder spielten in der Ecke am Fenster. Fränzchen schob zwei Schuhkartons vor sich her wie Eisenbahnwagen und hob einen Kochlöffel hoch wie die rotweiße Kelle des Stationsvorstehers. Nur eine Trillerpfeife hatte er nicht, um seinem Zug das Abfahrtsignal zu geben.

Mariechen hielt die großen dunklen Augen ernsthaft auf die Schiefertafel gerichtet und bemühte sich, mit dem kratzenden und kreischenden Griffel einen Weihnachtsbaum darauf zu zeichnen. Sie hatte sich Kreide vom Christkind gewünscht, ein großes Stück weiße Kreide, wie der Lehrer es für die Schultafel hatte. Die ging so sanft über die dunkle Fläche. „Ob Kinder so etwas überhaupt schon haben durften", grübelte sie.

Die Küchenuhr rückte ihre Gewichte an den groben Ketten tiefer und hob zum Schlag an.

„Der Elf-Uhr-Zug", sagte Regina Gruyters zu Kathrinchen. „Wir müssen das Essen auf den Herd bringen." Sie stand auf und lauschte noch einen Augenblick auf den näher kommenden Zug, der mit rhythmischem Poltern die Schwellen der Schienen passierte und die Fahrt verlangsamte vor dem Bahnhof.

Jäh dann ein ungewohntes Kreischen der Räder, fauchender Ausstoß von Dampf, weißes Aufwirbeln mit Feuerfunken vor den Fenstern und ein Stoß, der das Gebäude aus den Fundamenten zu reißen schien. Mit einem Knall barsten die Fensterscheiben.

Die Lokomotive war aus den Schienen gesprungen, hatte sich über den Bahnsteig geschoben und war mit dem Aufprall im Eingang des Bahnhofsgebäudes zum Stehen gekommen.

Die Hausfrau war gegen den Tisch getaumelt, Kathrinchen rappelte sich vom Boden auf, die Kinder, von der Erschütterung in die Ecke geworfen, schrieen, und von unten her gloste der Widerschein roter Glut aus dem Heizkessel der Lokomotive durch die geborstenen Fenster.

Die Küchentür war aufgesprungen.

„Weg", dachte Regina Gruyters, „nur weg". Und da hörte sie auch schon das Poltern schwerer Tritte auf der hölzernen Treppe, und eine grobe Stimme rief:

„Der Vorsteher sagt, dass Sie raus müssen..."

Regina erkannte den Mann. Er schleppte sonst die Frachten vom Bahnhof zu den Zügen. Sie schob ihm die Kinder entgegen. Eins auf jedem Arm, hastete er die Stufen wieder hinunter, leichte Last für ihn. Hinter ihm Kathrinchen, der die Hausfrau ein paar warme Umschlagtücher zugeworfen hatte.

Nun sie allein war, die Kinder in Sicherheit, kam Ruhe über sie, wie sie erstaunt begriff. Was auch immer zu fürchten war, ihm, ihrem Mann konnte nichts geschehen sein. Hatte er nicht Anweisung gegeben, seine Familie in Sicherheit zu bringen? Und dann, des war sie sicher, tat er nun da unten auf dem Bahnsteig, was getan werden musste.

Sie unterdrückte den Wunsch, ihn zu sehen, sich zu vergewissern und wandte sich zur guten Stube. Die Tür klemmte, gab dann ihrem Rütteln so plötzlich nach, dass sie fast stürzte. Unter ihrem Fuß knirschte Glas. Die Bilder waren von den Wänden gefallen. „Unser Hochzeitsbild, ich hab auf unser Hochzeitsbild getreten", wusste sie und sah in nadelspitze Splitter, ohne mehr denken zu können. Vor ihr lag schräg der Weihnachtsbaum gegen die Gardine geschleudert. „Johann hatte ihn heute Nachmittag schmücken wollen, wenn der letzte Zug vorbei war", ging es ihr durch den Kopf. Sie raffte den Rock, stieg darüber hinweg, um an den Sekretär zu kommen, schloss auf, schob den Rolldeckel hoch, nahm die kleine stählerne Haushaltkasse und eine schwarzlederne Brieftasche, in der er Papiere aufbewahrte. Sie mussten wichtig sein.

Ohne sich umzusehen, lief sie zur Küche und wollte zum Ausgang.

Da stand er wieder, der Mann, der sonst die schweren Säcke schleppte, und sagte ganz ruhig:

„Frau Vorsteher, Sie müssen nun auch weg. Die Kinder sind beim Schullehrer. Ich deck' noch den Herd ab, und den Kuchen hab ich auch schon aus dem Backofen geholt."

„Jan", sagte sie hastig, „dank Euch, Jan. Das vergess ich Euch nicht."

Und sie wusste im Augenblick selbst nicht genau, ob es um die Kinder, den Herd oder den Kuchen war, dass sie ihm dankte. Sie riss den Mantel vom Haken, nahm den Korb, der noch vom Einkauf gefüllt war, und rannte die Treppe hinunter.

Schräg über den Bahnhofsvorplatz lief ihr die Frau des Lehrers entgegen. „Die Kinder sind bei mir, kommt ook maar binnen. Dem Vorsteher ist nichts passiert, sagt mein Mann."

Wagen mit schwerem Gerät rasselten über das Kopfsteinpflaster. Vom Löschteich her formierte sich die Kette der Männer, die die Wassereimer von Hand zu Hand reichten. Die Pumpen stöhnten, Befehle knallten wie Peitschenhiebe. Rauchgeruch lag beißend in der Luft.

Der Lehrer war als einer der Ersten auf dem Bahnhof gewesen mit dem Verbandkasten der Schule, um zu sehen, ob Verwundeten zu helfen sei. Er kam zurück und brachte die Nachricht mit: kein Mensch sei ernstlich verletzt, der Vorsteher beherrsche die Lage, und sein Assistent gehe ihm tüchtig zur Hand.

„Die von der Rotte sind dabei, mit dem Heizer die glühende Steinkohle aus dem Kessel zu reißen. Die kühlt schnell aus unter dem Wasser, das sie darüber kippen, Eimer um Eimer. Die Männer arbeiten wie die Teufel mit den langen Haken. Sie überlegen, wie sie die Lokomotive zurück ziehen. Die steht mit den Vorrädern in der Halle. Da kam sie zum Halten."

Es wurde spät, bis die Arbeiten zu Ende gingen. Als überall schon die Kerzen an den Weihnachtsbäumen angezündet wurden, kam der Bahnhofsvorsteher Johann Theodor Gruyters auch ins Schulhaus. Regina lief ihm entgegen, und der Assistent Andreas Vandenbroeck sah einigermaßen verlegen, wie sein Vorgesetzter die Frau in den Arm nahm.

Alle Last des Tages fiel von ihr, als sie an seiner Schulter lag, und was sie ausgestanden hatte, verdichtete sich nur in dem Schluchzen: „Johann, ich hab unser Hochzeitsbild zertreten."

Da fand der Bahnhofsvorsteher Johann Theodor Gruyters, der später mein Großvater werden sollte, die Worte, die seither in der Familie umgingen:„Gina, ich will dich gern noch einmal heiraten."

So kam es, dass Weihnachten diesmal im Schulzimmer gefeiert wurde, denn die Wohnstube des Lehrerehepaares war nicht groß genug für den plötzlichen Zuwachs durch die Familie Gruyters. Mariechen bekam ein großes Stück Kreide und durfte auf der Schultafel einen Weihnachtsbaum malen, und Fränzke durfte auf Vaters Trillerpfeife Signale üben. Der schüchterne Assistent aber wurde gebeten, die Bauerntochter Kathrinchen, die bisher die Kinder gehütet hatte, nach Hause zu bringen. Und das war ihm keineswegs unangenehm.

Die Weihnachtsreise

Eine Niederrhein-Erzählung

„Achtung für Bahnsteig fünf. Der Regionalexpress Düsseldorf, Krefeld, Kempen, Geldern, Kevelaer, Goch, Kleve hat Einfahrt." Der Mann, der schon seit einer Viertelstunde aufrecht und fast regungslos neben einer Bank gestanden hatte, die linke Hand auf dem Bügel einer ledernen Reisetasche, hob den Kopf, als lausche er der Stimme aus dem Lautsprecher nach. Ein leichtes Lächeln in den Mundwinkeln, sah er dem Zug entgegen. Diese Stimme, die eben den Zug angekündigt hatte, eine Frauenstimme, war tief und ein wenig rau gewesen. Ihm schien, als ob er sie kenne, als ob sie über viele Jahre zu ihm spräche.

Er ging ein paar Wagen am Zug entlang, deren Abteile ihn in einem fast eisigen Blau abzuweisen schienen, wählte den nächsten Einstieg, nahm, wie es sehr große Menschen oft tun, den Kopf etwas weg, als ob er an den oberen Türrahmen zu stoßen fürchtete, ging dann den Gang zur Linken bis zum ersten Abteil mit dunkelgrünen Polstern und nahm einen Fensterplatz. Mit reisegewohnten Gesten legte er Handschuhe und Fahrkarte auf den kleinen Klapptisch am Fenster, blickte sich flüchtig um, als ein älteres Paar die beiden Sitze in Türnähe einnahm und setzte sich seinerseits in der Fensterecke zurecht.

Mit einer Konzentration, die ihm seltsam bewusst wurde, wartete er schon auf den Pfiff der Abfahrt, als das Abteil noch einmal geöffnet wurde.

Eine Frau trat ein, lebhaft, aber ohne Hast, grüßte kurz und steuerte den ihm gegenüberliegenden Fensterplatz an. Auch sie streifte die Handschuhe ab und wollte sie, wie es schien gewohnheitsmäßig, auf den Klapptisch werfen. Als sie ihn halb besetzt fand, schien sie einen Augenblick zu zögern, zuckte leicht mit den Schultern und legte die Handschuhe nun fast betont und wie mit einer Art von Selbstverständlichkeit nieder, als sei der Platz ihr gutes Recht. Er sah, wie eine leichte Verlegenheit über ihr Gesicht glitt, als die Fingerspitzen der Handschuhe sich berührten und wandte sich dem Zugbegleitblatt zu, um aufmerksam die Folge der Stationen zu studieren. Trotzdem entging es ihm nicht, wie sie einen kleinen Regenhut von leicht ergrautem Haar nahm und einen grauen Regenmantel von der Schulter gleiten ließ, ihn an den Haken hing und sich zurücklehnte, so dass der sanfte Pelz des Innenfutters und ein schimmerndes Seidentuch sich wie von selbst um ihre Schultern legten. Das alles geschah in raschen, fließenden Bewegungen, als sei die Abfolge alltägliche Routine.

Während sie sich in dem Pelz zurechtrückte, glitt der Zug aus der Bahnhofshalle. Leicht verblüfft von diesem raschen und in jeder Bewegung sicheren Auftritt – denn als ein solcher erschien es ihm –, sagt er mehr für sich und fast tonlos:

„Das war knapp."

Unerwartet kam eine gelassene Antwort: „Mein Zug fährt nicht ohne mich ab."

„Ihr Zug?"

„Sozusagen."

Eine kurze Antwort auf seine Frage. Mehr nicht. Noch einmal das Zurechtrücken der Schultern im Mantel, dann Augenschließen, nicht eigentlich abwehrend, eher um einem Augenblick des Wohlgefühls und des Ausruhens nach einem schnellen Gang nachzugeben.

„Jetzt", stieg eine Erinnerung in ihm auf, „jetzt müsste eine Brücke kommen. Und schon spürte er, wie der Zug den festen Boden verließ und auf eine eiserne Konstruktion auffuhr, während tief unten die dunkle bewegte Fläche des Wassers glitzernde Lichter auffing.

Irgendwo muss man in diesem Land immer den Rhein überqueren, dachte er und fühlte zugleich, wie der Blick der Frau sein abgewendetes Profil erfasste, schnell und prüfend, ehe sie sich ihrerseits dem Fenster zuwandte. Das aber bewirkte, dass sie sich gegenseitig in der Scheibe sahen, die von der frühen Dämmerung in einen Spiegel verwandelt war und einander mit einem Lächeln der Überraschung schemenhaft grüßten, das ein wenig von Übereinstimmung im Gefühl der gemeinsamen Überfahrt hatte.

Der Zug lief ein in eine Station. „Meerbusch-Osterrath?" las er halblaut und mit einem leisen Zweifel.

„Was verwundert Sie? Glauben Sie, im falschen Zug zu sein?" fragte die Frau.

„Nein, nein. Ich weiß, dass ich im Zug nach Kleve bin, und ich kenne die Strecke. Nur der Name war mir fremd.

„Er besteht aber schon gute dreißig Jahre. Seit der Raumordnung."

„Raumordnung?"

„Nun ja, seit 1970 Städte und Gemeinden neu zusammen gefasst wurden. Meerbusch, der Villenvorort von Düsseldorf, mit sieben anderen Gemeinden, darunter Lank-Latum und Osterrath."

„Dreißig Jahre", grübelte er. „Dreißig Jahre. Ja, das kann stimmen."

„Das Datum steht fest", sagte ein Reisender, der eben zugestiegen war und einen leichten Rucksack ablegte, „und es wird auch so schnell nicht vergessen werden. Zum Glück konnten sie die Landschaft nicht auch noch neu ordnen. Schade, dass es schon so dämmerig ist. Sie ist eine der schönsten am Niederrhein."

Der Reisende schwieg, weil er sah, wie die Frau leicht die Stirn runzelte, als habe er in ein Gespräch eingegriffen, das sich eben anbahnen wollte.

Er habe das Datum nicht anzweifeln wollen, entschuldigte sich der Mann in der Fensterecke. Er sei nur betroffen, weil ihm die Zeitspanne seiner Abwesenheit zu Bewusstsein komme.

Es schien, als ob er weitersprechen wolle, aber der Zug fuhr schon in den Bahnhof Krefeld ein. Menschen drängten auf dem Bahnsteig zu den Zugtüren, die Gesichter bleich in dem gelbgrauen Licht der Bahnhofshalle, viele bepackt mit Tragetaschen, Koffern, Tannenzweigen, manche nur mit dem Tagesbedarf einer größeren Handtasche. Die Zusteigenden warfen kaum einen Blick in das erste Abteil, sondern schoben sich weiter. Nur zuletzt kam ein junges Paar herein gestürzt und warf sich aufatmend auf die mittleren Sitze, um sich sofort in lebhafter Rede und Gegenrede zu vergewissern, ob bei den Weihnachtseinkäufen nichts vergessen sei.

Solchermaßen von dem Rucksackreisenden getrennt, war ein Dreiergespräch schon beendet, ehe es eigentlich recht begonnen hatte, und die beiden Inhaber der Fensterplätze schienen wieder gleichsam aufeinander angewiesen. Sie wandten sich erneut dem Fenster zu und begegneten einander wieder im Spiegelbild, das mit zunehmender Dunkelheit deutlicher wurde.

„Es schneit", sagte die Frau leise, als habe sie die abwehrende Miene des Stirnrunzelns gut zu machen.

Es war ein leichter Schnee, der erst in fliehenden Flocken vor dem Fenster trieb und in dem Licht, das aus dem Abteil nach außen fiel, sichtbar wurde. Dann dichter und dichter zum Gestöber sich formierend und gejagt vom Zugwind, gerieten die Flocken in einen taumelnden rasenden Tanz, der an dem Fenster vorüber fegte. Irgendwo in der Nähe oder weiter im Land deuteten Gruppen von Lichtpunkten Dörfer an. Zuweilen ließ eine Lampe längs den Gleisen ein Stück brauner Ackerfurche erscheinen, an den Rändern von Schnee gesäumt. Oder der Anfang eines rauen Weges zeichnete sich jenseits einer Schranke ab. Wieder Einfahrt in einen Bahnhof. „Kempen", kündigte die Stimme im Lautsprecher an, und der Rucksackreisende erhob sich.

„Ich will hier keine Ratschläge geben", sagte er im Hinausgehen mit einer kleinen Verbeugung. „Und ich weiss nicht, wohin Sie fahren. Aber wenn Sie dreißig Jahre lang nicht hier waren, sollten Sie da oder dort aussteigen. Sie werden manches wiederfinden, auch wenn die neue Zeit einen scharfen Besen hat. – Zuweilen hat er gut getan", meinte der Reisende und schloss die Tür.

„Ob Sie dem Ratschlag folgen werden?"

„Dann müsste ich jetzt schon anfangen; hier in Kempen schon aussteigen. Hier bin ich zur Schule gegangen."

„Aug' in Aug' mit dem Denkmal des Thomas à Kempis, wie so viele Jungen am Niederrhein. Aber mit der ‚Nachfolge' ist es wohl nicht so viel gewesen?"

„Nein", bekannte er, „von dem Heiligen und Mystiker ist wohl bei den wenigsten von uns etwas über gekommen."

Sie lachte leise: „Zu viel Heiligkeit in dieser Gegend für junge Leute."

„Damals sicher. Aber im Rückblick ist die ganze Heiligkeit von Stadt zu Stadt, von Kirchturm zu Kirchturm doch so etwas wie ein wärmender Mantel, bestickt mit den Namen der Heiligen, mit Namen, die uns alle vertraut sind, wenn Sie mir diese lyrische Metapher erlauben."

„Wer nach dreißig Jahren heimkehrt, hat ein Recht, lyrisch zu sein."

„Hatte ich von Heimkehr geprochen?"

„Nein, nein", nahm sie schnell zurück. „Sie sprachen von dreißig Jahren. Und dann von der Schule in Kempen. Da müssen Sie schon erlauben, dass man weiter spinnt. Und eine Zuhörerin ohnedies. Frauen lieben Geschichten. Aber ich will Sie nicht heraus fordern."

„Sie haben sozusagen ein Recht darauf, mehr zu hören. Wer Andeutungen auf den Weg bringt... Ah, wir werden gefordert. Da kommt der Schaffner."

Er hob die bereit gelegte Karte hoch, während die Frau sich gleichsam abwartend zurück lehnte, ohne ihrerseits einen Fahrausweis zu zeigen. Der Schaffner hob grüßend die Hand: „Frohe Weihnachten, Frau Doktor. Sie sind spät dran am Heiligen Abend. Können Sie denn nie Schluss machen?"

„Doch, doch", gab sie zurück, „ich arbeite nicht nur. Ein paar Weihnachtseinkäufe gab es auch noch." Sie wandte sich ihrem Gegenüber wieder zu: „Jetzt wissen Sie, warum ich sagte, es sei ‚mein Zug'. Ich fahre oft von Düsseldorf nach Kleve. Nach Hause", fügte sie etwas langsamer hinzu.

„Sie sind Ärztin?"

„Nein, Archivarin im eher politischen Bereich. Ziemlich unpoetisch, um am Heiligen Abend darüber zu sprechen."

Sie fühlte seinen Blick auf ihren Händen, die ohne Pose ruhig gekreuzt, entspannt, aber wie bereit zum Zugreifen, in ihrem

Schoß lagen. Nur am linken Zeigefinger ein Wappenring mit geschnittenem Stein.

Wieder hielt der Zug. Die jungen Leute polterten hinaus und knallten die Schiebetür zu. „Aldekerk."

„Jetzt noch Niewkerk, und dann müsste Kevelaer kommen."

„Sie vergessen Geldern," sagte sie leise. „Übrigens noch etwas Raumordnung: Aldekerk und Nieuwkerk heißen jetzt zusammen gefasst Kerken."

„Ich muss hier wohl die ganze Geographie neu lernen", setzte er eben an, als sich die Tür des Abteils wieder öffnete. Eine ältere Frau sah sich um und ging dann mit ausgestreckter Hand auf den linken Fensterplatz zu.

„Maria, wie schön, dass ich Dich sehe. So kann ich Dir wenigstens noch frohe Weihnachten wünschen."

„Bedankt. Du fährst nach Geldern zur Familie?"

Es entspann sich ein wenig Hin und Her, dessen Vertraulichkeit ihn ausgrenzte.

Er lauschte nicht den Worten, eher dem Klang der Stimmen, die tief und kehlig waren wie die Stimme der Ansagerin bei der Abfahrt. Nur weicher, umhüllender, vertrauter.

„Nur eine Station", dachte der Mann und wunderte sich, wie erwünscht ihm die Kürze der Unterbrechung des begonnenen Gespräches war. Er wandte sich wieder dem Fenster zu, dem Schneetreiben, den huschenden Lichtern, den Silhouetten geduckter Gebäude, deren Dächer die weißen Flocken aufnahmen. Einmal ein breiter Lichtschein, der aus den Fenstern eines Hauses nah am Bahndamm fiel und eine Birke anleuchtete, die Äste leicht verschneit wie Spitzengeriesel.

Wieder verlangsamte Fahrt. Geldern. Umrisse eines barocken, angestrahlten Kirchturms, Abschied. Nachreichen einer großen Tasche mit bunten Tüten, Rückkehr in die Fensterecke. Winken vom Bahnsteig. Ihm war, als ob ein neugieriger Blick von draußen her ihn streife, während sein Gegenüber sich wieder in den grauen Pelz schmiegte. Noch suchte er nach einem Wort, um das begonnene Gespräch wieder aufleben zu lassen, als sie ihm zuvorkam mit einer fast entschuldigenden Erklärung:

„Eine Verwandte. Fast an jeder Station könnte der eine oder andere Bekannte oder Verwandte zusteigen. Aber ich denke, sie werden schon alle zu Hause sein, und wir können in Ruhe Ihre dreißigjährige Abwesenheit überbrücken."

„Wollen Sie mir dabei beistehen?"

„Warum nicht? Man hat nicht jeden Tag Gelegenheit, den Cicerone zu spielen. Wir kommen gleich nach Kevelaer. Was soll ich Ihnen dazu sagen? Noch immer 800.000 Pilger im Jahr, noch immer viele Holländer, und noch immer Lieder, Litaneien, Kerzen, Fahnen. Sie würden zwar manches Neue finden. Aber der Fortschritt geht hier sachte und hat kein gewaltsames Tempo. Lassen Sie uns das Fenster ein wenig öffnen trotz des Schneetreibens. Wenn wir Glück haben, hören wir jetzt die Glocken der Basilika." Und wirklich trug der Wind mit ein paar Schneeflokken auch ein Läuten hinüber zum Bahnhof, und irgendwo über der kleinen Stadt stand ein leuchtendes Zifferblatt. Das zeigte fünf Uhr in der frühen Dunkelheit.

„Früher", so begann er wieder, „früher, als ich noch ein Junge war, habe ich erfahren, dass die Wallfahrtskapelle an der Kreuzung der Straßen von Münster nach Aachen und von Köln nach Nijmwegen errichtet wurde. Da hab ich zum ersten Mal begriffen, wie weit das Land hier ist, und wie alle Wege offen sind. Wie verlockend es ist, weg zu gehen."

„Und Sie haben dieser Verlockung nachgegeben, wie es scheint."

„Es war nicht nur die Verlockung, die mich weggetrieben hat. Es ging schon tiefer. Jetzt und hier kann ich vielleicht darüber sprechen. Zum ersten Mal, und das Ihnen gegenüber, der ich erst vor einer Stunde begegnet bin, und von der ich nicht mehr weiß als einen Titel und einen Vornamen."

„Ich weiß noch weniger von Ihnen. Aber hier zu Lande und in der Nähe der Schwanenburg, der wir jetzt entgegen fahren, kann sich jeder als Schwanenritter kaschieren: *Nie sollst du mich befragen. . ."*

„Sie hätten die Frage nach *Nam' und Art* nicht gestellt, vermute ich."

„Sie scheinen mich schon gut zu kennen."

„Ich würde es gern. . ." Er brach ab und sah wieder aus dem Fenster ins Land, wo jetzt nur da und dort mehr ein Gehöft lag. Es hatte aufgehört zu schneien, und ein kalter Mond stand über der Landschaft, hob dunkle gefrorene Wasserwege, Kopfweiden, die am Ufer hockten, mit harten Konturen in sein scharfes Licht.

„Ich habe das Gefühl, dass ich Ihnen nach so vielen Andeutungen den Grund meiner Reise schuldig bin. Ja, ich bin vor dreißig Jahren weg gegangen. Aus Kleve, wie Sie schon mit ihrem Hinweis auf den Schwanenritter Lohengrin angedeutet haben. Ich sollte die Fabrik meines Vaters übernehmen. Ich hab es versucht, ihm zu Liebe, der Familientradition zu Liebe. Aber ich wusste sehr bald, dass ich mich damit nie abfinden würde. Nicht mit dem Alltag im Büro, nicht mit der Produktion, nicht mit den engen Kontakten, mit Kauf und Verkauf. Ich war auch kein Unternehmer, der den Betrieb hätte weiter ausbauen wollen. Aber Generationen von Kaufleuten hatten in mir den Wunsch hinterlassen, den Gesetzen ihres Handelns nachzugehen. Ich wollte studieren. Es kam zum Bruch zwischen meinem Vater und mir. Das Geld zum Studium hat man mir gleichsam nachgeworfen. Zugleich hatte sich ein Mädchen von mir abgewandt, das an meiner Seite wohl nur als Frau eines gesicherten Fabrikanten zu leben gedacht hatte. Auf das Ziel eines Studiums wollte sie nicht warten. Als ich mein Studium eben beendet hatte, starb mein Vater. Er war nie mehr zu einem Gespräch bereit gewesen. Die Nachricht erreichte mich spät. Ich war damals als Stipendiat in Amerika. Der Betrieb ging an einen Vetter. Und das war gut so. Ich blieb bei der Hochschullaufbahn, zuerst Amerika, später und bis heute England."

Er schwieg und wandte sich wieder dem Fenster zu. Unter dem Mond trieben dünne Wolkenschleier her. Fern begrenzten die kahlen Bäume einer Landstrasse den Blick. Da und dort Lichter eines Bauernhofes.

„Und dennoch heute in einem Zug nach Kleve? Nach dreißig Jahren?"

„Sie haben ein Recht zu fragen, nach dem, was ich andeutete.

Warum auf dem Weg nach Kleve? Ich bin oft in Deutschland gewesen seither. Aber nie so nahe am Niederrhein. Eine plötzlich einberufene Konferenz, wenige Tage Fachgespräche. Und dann stand ich allein in Düsseldorf, ging durch die Stadt, durch die Altstadt, stand am Rhein, hörte Menschen sprechen, aß irgendwo, las eine Speisekarte mit einheimischen Gerichten – und sagte meinen Rückflug nach England ab, ließ umbuchen und kaufte eine Fahrkarte. Da haben Sie meine Begründung."

„Sie werden nicht erwartet?"

„Ich habe nur flüchtige Kontakte zu meinen dortigen Verwandten. Und das Mädchen, das damals nicht auf mich warten wollte..."

„...Ist meine Schwester. Sie hat wirklich einen Fabrikanten geheiratet, ist verwitwet und reist eben jetzt wieder einmal irgendwo in die Sonne, wie das heute üblich ist. Mir ist Schneegestöber am Niederrhein lieber."

Sie lehnte sich wieder in den Pelz und sah gelassen, wie sich für ihn ein Film zurück spulte.

Über den schmalen trennenden Raum griff er ihre Hand. „Sie müssen das kleine Mädchen gewesen sein, das damals im Internat war. Ich kann mich kaum erinnern, Sie gesehen zu haben."

„Wie sollten Sie auch, Simon Verhaeren. Verlobte haben keinen Blick für jüngere Geschwister."

„Muss ich um Verzeihung bitten?"

„Kein Grund. Mir waren Sie damals auch fremd."

„Aber meinen Namen kannten Sie noch?"

„Und ich hörte, dass Sie weg gingen. Man sprach darüber in Kleve."

„Sie sehen mich zurück kehren."

„Wohl kaum für immer."

„Nicht in die Stadt, aber sicher in das Land. Ich gedenke auf Dauer nicht, in England zu bleiben."

Sie stand auf.

„Wir haben die letzten Stationen verplaudert. Wenn Sie hinaus sehen, könnten schon die Umrisse der Schwanenburg über der Stadt zu erkennen sein."

Ehe er helfen konnte, schlüpfte sie in den Mantel. Aber als sie die Handschuhe überstreifte, schob er den rechten zurück und küßte leicht ihr Handgelenk.

„Vielleicht steht doch ein Stern für mich über der Schwanenburg. Ich werde ein paar Tage bleiben, um alles wieder zu sehen. Darf ich fragen, wann Sie zurück fahren nach Düsseldorf in Ihr steriles Amt? Wir könnten gemeinsam fahren."

Er hielt inne, als sei er zu schnell, zu weit gegangen. Aber mit einer Art von beglückter Erleichterung hörte er ihre rasche Antwort, in der etwas von Vorfreude klang:

„Ja, gemeinsam fahren und an einigen Stationen halt machen, wie unser Rucksackreisender empfohlen hat: in Goch, wo Sie auch historische Straßen gekreuzt finden, wie damals in Kevelaer, wo der Schnee jetzt die Giebel an einer der schönsten Backsteinkirchen überpudert, wo das Haus mit den fünf Ringen und das Steintor so still da stehen, als ob sie warten, in Kempen, wo Sie damals vergessen haben, dem berühmten Stadtpatron Ihre Reverenz zu erweisen. Wissen Sie noch, wie rund die Stadt gebaut ist? Und in Krefeld über die Wälle gehen und zu den Schlösschen der Seidenbarone. Und wenn wir dann nach Düsseldorf kommen..."

„Gibt es keinen Abschied für immer, Maria?"

Sie stützte sich beim Aussteigen leicht auf seine Hand und sah ihn an. Gemeinsam schritten sie über den Bahnsteig und dem Ausgang zu, indes auch hier die Glocken über die Stadt klangen.

Wenn alle Welt den Atem anhält

Die zwölf Tage und Nächte von Weihnachten bis zum Fest der Heiligen Drei Könige galten früher als hochheilige Ruhezeit. Die Welt hielt gleichsam den Atem an, denn droben in den Lüften jagte das Wilde Heer. Reste germanischen Götterglaubens verbanden sich mit naturfürchtigem Aberglauben. War es Wotan, der urweltliche Kräfte entband und mit Dämonen dahin fegte? Waren es die Geister der Abgestorbenen, die zurück kehrten? Hockten nicht Hexen an den Kreuzwegen? Und sollte man nicht eben jetzt heimlich die Wünschelrute schneiden? Es tat sich mehr zwischen Himmel und Erde in den zwölf Nächten, die auch die Rauhnächte genannt wurden, als das ganze Jahr hindurch, und selbst gute Christen fühlten sich von unheimlichen Mächten umgeben.

Man hielt sich stille, ließ die Arbeit ruhen in Haus und Hof, veränderte nichts, rückte kein Möbel, fegte nur noch einmal sauber, um keinen Schmutz ins Neue Jahr zu nehmen und wischte jeden Abend den Tisch blank um der Armen Seelen willen. Um keinen Preis durfte gewaschen werden. Kein Leinenzeug, nicht einmal ein Scheuerlappen durfte auf der Leine bleiben, sonst hatte man in der Familie einen Todesfall zu fürchten.

Auch im öffentlichen Leben setzte eine große Stille ein. In Köln blieben sogar die Gerichte geschlossen.

Die Kirche aber nahm in diesen Tagen Weihungen und Segnungen vor. Und hier erklärt sich auch der Name der „Rauhnächte". Denn sie hießen ursprünglich Rauchnächte, in denen das Böse ausgeräuchert wurde. In den Kirchen wurde vor dem Thomastag, am 21. Dezember, vor Weihnachten und vor dem Dreikönigstag auf den Altären Weihrauch entzündet. Im Mittelalter wurden auch Herrschafts- und Amtsgebäude ausgeräuchert, und in Haus, Hof und Stallungen nahm der Hausvater die Ausräucherung böser Geister vor.

Ein freundlicher Brauch war die Weihe des Weines am Fest

des Evangelisten Johannes (27. Dezember). Überliefert ist aus den Jahren 1767/1768, man habe „in festo Johannes ein flasch wein lassen segnen, selbige in der Kirchen und in der Nachbarschaft ausgeschenkt und so die Johannes-Minne getrunken". Der Brauch ist auch heute noch in einigen Kölner Stadtteilen und in den Dörfern der Umgebung lebendig, ein Zeichen mitmenschlicher Nähe und Verbindung gegen das Ende des Jahres, das auf Sylvester zusteuert.

Warum aber Sylvester? Die Kirche feiert den Beginn des bürgerlichen Jahres nicht. Aber sie gedenkt am 31. Dezember des Papstes Sylvester, der im Jahr 335 an diesem Tag verstarb. Unter seinem Pontifikat kam es zur Bekehrung des Kaisers Konstantin, und das Christentum wurde Staatsreligion. Damit endeten Jahrhunderte der Christenverfolgung, und für die Kirche begann eine Zeit des Friedens und der Verbreitung in Europa. Der Name dieses heilig gesprochenen Papstes, der 325 auch das entscheidende Konzil von Nicäa einberufen hatte, steht also für den letzten Tag des Jahres.

Kalenderblatt Januar

Bauernregeln

Die Neujahrsnacht still und klar
deutet auf ein gutes Jahr.

Ist der Januar lind,
Lenz und Sommer fruchtbar sind.

Der Wind, der am Neujahrstag weht, bestimmt das Jahr.

Wenn die Sonne sich kurz sehen lässt,
dass ein Mann auf's Pferd steigen kann,
gerät der Flachs.

Januar warm, dann Gott erbarm.

Tanzen im Januar die Mücken,
muss der Bauer nach dem Futter gucken.

Wie der Januar, so der Juli.

Wenn es in der Neujahrsnacht schneit, gibt es ein gutes Bienen-
jahr.

Zu Dreikönigen ist der Tag schon um einen Hahnenschrei länger
geworden.

Zu Neujahr soll man so viel Brot backen, dass man bis zum
Dreikönigstag nichts kaufen muss.

Vom Bretzelbacken

Die Neujahrsbretzel oder Neujahrskränze sind die letzten Glück bringenden Gebildbrote der Weihnachtszeit. Heute stehen sie in jeder rheinischen Bäckerei zum Kauf. Früher wurden sie zu Hause gebacken, am Neujahrstag angeschnitten, und jeder bekam sein Stück, damit das Jahr für jeden wieder rund werde. Mit guten Wünschen wurden sie auch verschenkt an Verwandte und Freunde. Tatsächlich war der Neujahrsbretzel oder Kranz ein fast aufwendiges Geschenk, denn das weiße Mehl, mit dem er zubereitet wurde, war früher eine Kostbarkeit. Hier das Familienrezept:

500 gr. Weizenmehl werden in die Backschüssel gegeben. In der Mitte formt man eine Vertiefung und füllt 30 gr. Hefe, die mit einem Achtel warmer Milch und einer Prise Zucker aufgelöst ist, hinein. Aus diesen Zutaten wird der sogenannte Vorteig bereitet, der eine halbe Stunde gehen muss. Dann werden die übrigen Zutaten eingegeben: 100 gr. Butter, 50 gr. Zucker, das Abgeriebene einer Zitrone; und die Großmutter fügte noch einen Faden Safran hinzu, ein exotisches Gewürz aus den Blütennarben der gleichnamigen persischen Pflanze. Der feste Teig, der nicht mehr kleben darf, wird in drei gleiche Teile getrennt. Aus jedem Teil wird eine lange Rolle geformt, die an den Enden dünner wird, wenn man Bretzel bakken will. Für den Neujahrskranz werden sie gleichmäßig geformt. Aus diesen Rollen werden auf dem gefetteten Backblech Zöpfe oder Kränze geflochten. Das Gebäck muss noch einmal eine halbe Stunde gehen. Dann wird es mit verquirltem Eigelb bestrichen und dick mit Hagelzucker bestreut. Im Backofen, der auf 200 Grad vorgeheizt ist, braucht das Gebäck eine halbe Stunde und kommt sanft braun und glänzend zum Vorschein.

Jlöksillich Neujahr

Jöv Jott, et wär wahr

Gebräuchliche Rede und Gegenrede am Neujahrsmorgen in der Familie, über die Straße hin, in der Kirche. Zwischen Gottvertrauen und rheinisch lebenserfahrener Skepsis wird dieser typisch „kölsche" Neujahrswunsch natürlich nur im Konjunktiv, in der Möglichkeitsform, beantwortet. Denn so ganz traut man dem neuen Jahr noch nicht und ruft zur Vorsicht und aus angeborenem Gottvertrauen erst mal eine höhere Instanz an. Glückwünsche dürfen noch drei Wochen lang ausgesprochen werden. Am 21. Januar muss man sich in das Neue Jahr geschickt, den Kalender eingerichtet und die wichtigsten Planungen beschlossen haben.

Natürlich hat man das neue Jahr gebührend begrüßt. Schon 1697 ist in Köln der Brauch des Schießens in der Neujahrsnacht bezeugt. Im Kreis Erkelenz wird das neue Jahr „utgeschoete" (ausgeschossen). Zum Ende der Rauhnächte werden die letzten Dämonen heute mit blitzenden und knallenden Raketen verjagt, und auch das Glockenläuten von allen Türmen in Stadt und Dorf ist ein letztes Zeichen des Glaubens an die bösen Geister. Auf manchen Glocken im Rheinland steht die Inschrtft „Die gewalt des düwels verdrieven ich. . ."

Mitten im Geläut der Glocken und dem Zischen der Raketen ziehen auch heute noch mit dem Glockenschlag Zwölf die Burschen und unverheirateten Männer aus dem Wirtshaus durch das Dorf. In einzelnen Familien, besonders da, wo heiratsfähige Töchter sind, wird Neujahr „angewünscht" oder „angeschossen". Die Länge der Sprüche und die Zahl der Schüsse zeigt die Wertschätzung der Familien an. Zwischendurch erklang früher das Lied „Hilf, Herr Jesus, lass gelingen. . ." Der Umzug durch das Dorf dauerte oft mehrere Stunden und wurde mit deftiger Bewirtung belohnt.

Am nächsten Morgen, am Neujahrstag, stellte sich die Frage

nach der ersten Begegnung. Das frühe Zusammentreffen konnte Glück oder Unglück voraus sagen.

Überall im Rheinland war früher in ländlichen Gemeinden der Rundgang des Pfarrers üblich, der sogenannte „Hafergang", der das Futter für Pfarrers Pferd sicher stellte. Später wurde ein Geldgeschenk daraus, und auch das dürfte nicht mehr üblich sein.

In der Familie aber prangen noch heute, sanft glänzend unter dem Hagelzucker, der große Neujahrskranz oder der Neujahrsbretzel auf dem Frühstückstisch. Früher meist selbst gebacken, heute rechtzeitig beim Bäcker bestellt, darf er nur vom Hausherrn angeschnitten werden, der jedem rund um den Tisch ein Stück von dem frischen Hefegebäck auf den Teller legt. Mit Butter und selbst eingekochtem Johannisbeergelee ein köstlicher Auftakt des Jahres.

Feines Gebäck gab es auch beim Neujahrswünschen in der Verwandtschaft, besonders beim Paten und der Patin. Vielleicht auch ein kleines Geldgeschenk. Geldgeschenke waren und sind auch heute noch teilweise üblich für Postboten und Zeitungsboten. Die früher notorisch schlecht bezahlten Briefträger konnten von dem „Neujährchen" die Kleidung für ihre oft kinderreiche Familie kaufen. Auch die Müllabfuhr wurde bedacht und bestand sogar auf ihrem Anteil. In Köln machte der „Drecksbur" mit einem deftigen Vers die Runde, ehe es eine städtische Müllabfuhr gab. Im benachbarten Flandern ließen die Nachtwächter sogar eine üppig illustrierte, originelle Glückwunschkarte drukken, mit der alle Haushalte aufgefordert wurden, ihr Scherflein beizusteuern.

Im gehobenen Bürgertum machte man mancherorts offizielle Neujahrsvisiten, möglichst mit der Kutsche. In den Dörfern ging es lebhafter zu. Bretzeln wurden in den Wirtshäusern „ausgekartet" und mancher Schabernack getrieben.

Die Kirche hielt sich von dem bürgerlichen Neujahrsfest fern und gab ihm keinen Platz in der Liturgie. Erst in den letzten Jahrzehnten des zwanzigsten Jahrhunderts haben sich bei beiden Konfessionen Jahresschluss-Andachten oder Gottesdienste eingebürgert, die einen besinnlicheren Übergang anbieten.

Goldene Kronen im Wappen

Wie die heiligen Drei Könige nach Köln kamen

Die Häupter der Heiligen Drei Könige gehörten zu den kostbarsten Heiligtümern des Reiches, und ihrer Gegenwart wurden ausstrahlende magische Kräfte zugeschrieben. Um ihretwillen wurde Köln zu einem europäischen Wallfahrtsort von hohem Rang. Seit fast 800 Jahren ruhen ihre Reliquien in dem berühmtesten Schrein des Abendlandes, den der lothringische Goldschmied Nikolaus von Verdun schuf, und über diesem Gehäuse aus Gold und Edelsteinen wurde der gotische Dom errichtet, die größte Kirche der Christenheit nördlich der Alpen.

Kult, Geschichte und Legende umgeben den Schrein der Heiligen Drei Könige. Früher nur zu Hochfesten aus der Schatzkammer in den Dom gebracht, steht er heute, lichtumflossen, an Stelle eines Hauptaltares im Hochchor, der ständigen Bewunderung und Verehrung freigegeben.

Wer waren die Männer, deren Häupter der Schrein birgt? Magier, Weise, Astronomen – denn sie folgten ja einem Stern. Das Evangelium (Matth. 2,1) spricht von den Weisen aus dem Morgenland. Der Kirchenschriftsteller Tertullian spricht im 3. Jahrhundert von Königen. Um 1250 berichtet Sitardus, Bischof von Cremona, von „Matematici" aus königlichem Geblüt. Jacopo da Varagine, Erzbischof von Genua, nennt sie 1270 in seiner „Legenda Aurea" Sterndeuter und Philosophen.

Ihre Namen Caspar, Melchior und Balthasar erscheinen zum ersten Mal im Malerbuch vom Berge Athos, das auf byzantinische Ursprünge zurück geht.

Die Überlieferung berichtet, die Könige seien aus dem Morgenland, d. h. von Osten her gekommen. Traditionell werden darunter Mesopotamien und Persien verstanden. Aber schon in der frühen Christenheit werden die Könige als die Vertreter der drei damals bekannten Erdteile Asien, Europa und Afrika gedeutet. Daher wird einer der Könige immer als „Mohr" dargestellt. An seiner oft geradezu bizarren Kleidung durften die Künstler jeweils ihre modische Fantasie ausleben, während die beiden anderen Könige in herkömmlich fürstlicher Gewandung erscheinen. Die Dreizahl der Könige wird geschlossen aus den Gaben, die im Evangelium genannt sind: Gold für die Königswürde Christi, Weihrauch für seine Gottheit und Myrrhe als Ankündigung seines bittren Sterbens.

Die Kirche feiert am 6. Januar den Tag der Epiphanie, Erscheinung des Herrn vor den Erstberufenen aus der Heidenwelt. Dann entschwinden die Könige aus unserem Gesichtskreis:

„. . .sie kehrten auf anderen Wegen in ihr Land zurück", berichtet das Evangelium.

Nun setzt die Legende ein: Thomas, der weitest Gereiste unter den von Christus ausgesandten Aposteln, soll den Königen auf seinem Missionsweg nach Indien begegnet sein. Sie schlossen sich ihm an, ließen sich taufen und wurden zu Helfern in seinem Bekehrungswerk. Eine andere Überlieferung berichtet, die Heiligen Drei Könige seien zu Bischöfen geweiht worden und unmittelbar nach einem gemeinsam gefeierten Weihnachtsfest im Jahre 54 verstorben.

Wo sie starben, wissen wir nicht. Wieder hilft die Legende weiter: Die heilige Helena, Mutter des Kaisers Konstantin, zeitweilig im römischen Rheinland lebend, soll nicht nur das Kreuz Christi aufgefunden haben, sondern auch die Gebeine der Drei Könige. Die Legende verschweigt, wo sie sie fand. Sie ließ sie nach Konstantinopel überführen und in einem marmornen Sarg beisetzen.

Doch ihre Ruhe sollte nicht lange währen. Als um das Jahr 360 Eustorgius, ein hoch gebildeter und weit gereister Mann aus Konstantinopel, nach Mailand reiste, wurde er dort zum Bischof gewählt. Mit ihm kam der Marmorsarkophag mit den Gebeinen der Drei Könige nach Mailand.

Wiederum umgeben Legenden die Überführung. Kühe sollen das Gefährt mit der kostbaren Fracht bis Mailand gezogen haben. In einer eigens erbauten Basilika wurde der Sarkophag aufbewahrt und hoch verehrt.

Mailand, erste europäische Station der Könige aus dem Morgenland, bot ihnen eine Ruhestatt bis 1162. Wir lassen die Legende hinter uns und folgen der Geschichte. In eben diesem Jahr 1162 wurde Mailand zerstört durch den Kaiser Friedrich Barbarossa und seinen Kanzler Rainald von Dassel, der zugleich Erzbischof von Köln war. Der Kaiser schenkte dem streitbaren Kirchenfürsten die Gebeine der Drei Könige. Die Mailänder zeigen noch heute das leere Grab. Eine dortige Chronik besagt, Rainald von Dassel habe die drei Leiber, „von denen man sagt, es seien die drei Weisen", am 11. Tag des Monats Juni 1164 mit nach Köln genommen.

Sicherlich nicht nur zur Verehrung. Der Besitz der Reliquien war ein politisch wichtiger Faktor: Die Drei Könige hatten Christus leiblich noch gesehen, und der Erzbischof von Köln als Verwalter dieser Reliquien konnte so nach mittelalterlicher Vorstellung das Königtum noch von Gottes Hand unmittelbar weiter geben und entscheidenden Einfluss auf die Königswahl nehmen.

Nun erhalten wir Einblick in die Kirchenpolitik jener Zeit: Man war nicht zimperlich und scheute auch nicht vor Wegelagerer-Methoden zurück. Dem damaligen Papst passte die Machtposition des Erzbischofs von Köln nicht, und also beauftragte er den Bischof von Reims, den Reliquientransport auf seinem Weg nach Köln abzufangen und „jenen kaiserlichen Kanzler, der Haupt und Urheber dieser Wirren ist, gefangen zu setzen."

Rainald von Dassel aber wählte einen anderen Weg und brachte die kostbare Fracht in Tag- und Nachtmärschen nach Norden und bis an den Rhein. Chronisten berichten, dass den Zugtieren der Wagen die Hufeisen umgekehrt angeschlagen worden seien, um die Verfolger in die Irre zu führen. Zeitweise täuschte der Kanzler einen Leichenkondukt vor, mit dem in Italien gefallene deutsche Ritter heimwärts gebracht würden.

Der Transportweg lässt sich teilweise noch heute verfolgen. So deutet eine Hausinschrift in Schwäbisch-Gmünd darauf hin: „Als man zählt nach Christi Geburt eilfhundertundsechzig Jahr, wurden die Heiligen Drey König geführt von Mailand und lagen in diesem Hause über Nacht."

Weiter ging der Transport auf dem Rhein. Nach der Überlieferung soll das Schiff bei Remagen so lange nicht zu bewegen gewesen sein, bis die ebenfalls mitgeführten Reliquien des Hl. Apollinaris am Ufer ausgeladen und zurückgelassen wurden. Sie werden seither dort verehrt.

Am 23. Juli 1164 kamen die Schiffe in Köln an. Nahe dem Rheinufer wurde eine eigene Dreikönigspforte in die Stadtmauer gebrochen und wieder verschlossen, als die Reliquien hindurch getragen wurden. Im Besitz der Dreikönigs-Reliquien konnte Köln sich jetzt vergleichen mit den berühmtesten Wallfahrtsstätten der Christenheit, mit Jerusalem, Rom, Santiago de Compostela.

Übrigens sind nicht mehr alle Dreikönigs-Reliquien in Köln. Auf die Bitte der Stadt Mailand hat der Kölner Kardinal Fischer im Jahr 1904 einen Teil der Reliquien nach dorthin zurück überführen lassen, wo sie in einer Bronzeurne unter dem Altar von St. Eustorgius beigesetzt wurden. In Köln blieben die Häupter zurück.

Das 20. Jahrhundert hatte so seine Zweifel an der Echtheit der Reliquien. Doch die Tücher, mit denen sie bedeckt waren, erwiesen sich als Weberei syrischer Herkunft aus den ersten zwei Jahrhunderten n. Chr. Und damit dürfte also alles seine Richtigkeit haben.

Die Kölner haben stolz die Kronen der Drei Könige in ihr Wappen aufgenommen. Und sie rühmen sich noch weiterer Heiligenschreine, die bei feierlichen Anlässen und in Notzeiten durch die Straßen zum Dom getragen werden. So begleiteten sechzehn Schreine die Drei Könige, als sie 1322 bei Vollendung des Chor-Neubaues dorthin übertragen wurden. Mitten im Dreißigjährigen Krieg wurden bei einer Prozession 1634 zwanzig, 1639 sogar vierunddreißig große Schreine gezählt. Im Nachkriegsjahr 1948, als man die 700-jährige Wiederkehr der Grundsteinlegung des Domes beging, wurde der Dreikönigenschrein mit acht weiteren großen Reliquiaren durch die Trümmerstrassen der Stadt in den wieder erstandenen Dom getragen.

Es kann aber auch nicht verschwiegen werden, dass die groß-
artigen Heiligenschreine, die im Glanz von Gold und Edelsteinen strahlen, keineswegs ungefährdet durch die Jahrhunderte
kamen. „Von immensen Kontributionsforderungen in der Fran-
zosenzeit ausgangs des 18. Jahrhunderts bedrängt, sahen sich die
Kirchen zum Verkauf ihrer Schätze genötigt", schreibt Gisbert
Knopp und berichtet, dass viele Schreine nackt und kahl in den
Kirchen standen, „pures Holz, an welchem man noch die Spu-
ren des Hammers und der raubenden Zange sah". Gold- und
Silberbleche, die den hölzernen Kern umfassten, waren abgeris-
sen, Edelsteine herausgebrochen, oft auch von marodierender
Soldateska geraubt. Selbst der Dreikönigenschrein, der von
Domherren nach Westfalen geflüchtet wurde vor Truppen der
französischen Revolution, soll nicht unbehelligt geblieben sein,
als der Geistlichkeit das Geld ausging. Alle diese Schäden sind
längst beseitigt, und insbesondere der Dreikönigenschrein
strahlt im ungetrübten Glanz zu Ehren der Weisen aus dem Morgenland, bewundert von Besuchern aus aller Welt.
18.000 sollen es pro Tag sein.

Für die lange Geschichte der Drei Könige gibt es eine urkölsche
Kurzfassung. Fragte man, warum nur ihre Häupter hier zugegen
sind, kommt die Gegenfrage: „Sin' Sie schon mal von Bethlehem
nach Kölle ze Fooß geloofe?"

Mit dem Stern gehen

Volksbrauch am Dreikönigstag

Wer früher den Schrein der Drei Könige im Kölner Dom besuchte, brachte Dreikönigsbriefchen mit. Sie galten als Schutz auf der Reise gegen Krankheiten und Unfälle. Zahlreiche Pilger kamen zur Weihnachtszeit oder am Dreikönigstag selbst. Sehr früh wird in Köln schon vom Umzug der Drei Könige berichtet. Junge Männer im weißen, gegürteten Gewand gingen von Haus zu Haus und sangen Heischelieder. Sie trugen einen Stern mit sich. Klosterschüler und Chorsänger hielten die Tradition lange aufrecht. Der Brauch ist bis in die Niederlande und nach Flandern hin bezeugt. Der flämische Dichter Felix Timmermans erinnert mit einer seiner schönsten Novellen daran.

Nach dem Zweiten Weltkrieg wurde der Brauch der Sternsinger wieder aufgenommen unter neuem Vorzeichen. Im Gewand der Könige aus dem Morgenland gehen Jungen und jetzt auch Mädchen mit dem Stern wieder von Haus zu Haus und bitten um Spenden für Kinder in der Dritten Welt. An Haus- und Wohnungstüren, ja, selbst am Lift von Bürohäusern schreiben sie zur Jahreszahl die Anfangsbuchstaben der Königsnamen C-M-B, Caspar, Melchior, Balthasar. Hinter diesem Chronogramm verbirgt sich auch der lateinische Segensspruch „ Christus mansionem benedicat" (Christus segnet dieses Haus).

Symbolisch wird eine Gruppe Stemsinger in Köln vom Dreikönigenschrein her ausgesandt, denn die Drei Weisen aus dem Morgenland sind nach Worten des Kardinals Meisner gleichsam Vorläufer aller Sternsinger aller Zeiten in aller Welt.

Der Dreikönigstag gilt im Volksglauben als Lostag für das wiederkehrende Licht. Man horcht morgens auf das erste Krähen der Hähne. Am Dreikönigstag muss der Tag schon „um einen Hahnenschrei gelängt haben".

Ein uralter Brauch am Dreikönigstag war der Bohnenball. Bis 1914 wurde er in Köln auch als Maskenball gefeiert. Aber auch im häuslichen Familienkreis hielt man an der Sitte fest, in einen Kuchen eine Bohne einzubacken und die Kuchenstücke zu verteilen. Wer die Bohne fand, war Bohnenkönig oder -königin und regierte für einen Tag das Haus oder das Fest. Auch hier kehrt das Motiv der Briefe wieder. Durch sogenannte Losbriefe wurden ein König und der Hofstaat gewählt, dem sich alle Hausgenossen unterstellten.

Am Dreikönigstag war es früher für die Kinder üblich, die Paten zu besuchen. Sie brachten ein kleines Geschenk mit und bekamen ihrerseits auch eine Gabe, oft ein Geldgeschenk. Auch dieser Brauch geht über den Niederrhein hinaus bis in die Niederlande und nach Flandern.

Bratäpfel und Kastanien

Meine kleine Großmutter – Gott habe sie selig – war eine gastfreie Frau. Wer immer kam, wurde freundlich ins Haus gebeten: „Komt maar binnen" und bekam ein „Kopje Coffee" vorgesetzt. Die Gastfreundschaft hatte bei ihr einen sozusagen historischen Grund. Ihre Voreltern – Gott habe sie ebenfalls selig – hatten als erste ortsansässige Bürger zu Beginn der Wallfahrt nach dem Dreißigjährigen Krieg in Kevelaer Pilger aufgenommen. Was als pure Barmherzigkeit begann, wurde später ein gutes Geschäft. Aber davon sprach die Großmutter dann weniger.

Umso lieber sprach sie von dem Baumgarten hinter der Pilgerherberge, wohin sich mein Urgroßvater gern begab, wenn es im Haus zu laut zuging. Da waren Apfelbäume und Spaliere, und im Herbst gab es reiche Ernte. Der Urgroßvater war ein Kenner und hatte köstliche Sorten angebaut. Natürlich waren die Äpfel, die wir auf dem Markt später kauften, nicht damit zu vergleichen. Aber die Großmutter hielt Äpfel grundsätzlich in Ehren, lagerte sie liebevoll ein, putzte sie blank füir den Weihnachtsteller und holte sie im Januar gern von der Stellage, um sie zu backen.

Äpfel, so pflegte sie zu sagen, haben im Januar goldene Stielchen. Das hieß einmal, dass die Äpfel nun den Höhepunkt an Aroma und Geschmack erreicht hatten, und zum anderen, dass sie langsam rar wurden.

Gegen Abend zählte sie reihum. Wer schon zu Hause war, bekam seinen Apfel. Wir sahen genüßlich zu, wie sie mit einem alten, schon etwas krummen Stecher das Kerngehäuse entfernte und die Schale leicht einritzte, Butter in eine Pfanne gab, die Äpfel hinein setzte, ein wenig leichten Wein in die Höhlung füllte (für die Erwachsenen durfte es auch schon mal etwas Rum oder Weinbrand sein) und Zucker hinein streute. Dann suchte sie mit Bedacht einen Platz auf der heißen Herdplatte, die aber beileibe nicht glühend sein durfte.

Der mittlere Teil der Herdplatte, da wo die Ringe eng ineinander lagen, war für die Kastanien bestimmt. Die Kastanien stammten auch aus einem großelterlichen Garten, wo ein mächtiger Baum mit gezackten Blättern sommers seine Zweige über unseren Tisch gebreitet hatte. Im milden Klima des Rheinlands gedeihen ja bekanntlich auch die Edelkastanien oder Maronen, die eigentlich rund um das Mittelmeer zu Hause sind. Im späten Herbst sprangen die ersten Früchte in ihren grünen Hüllen vom Baum. Dann war Zeit, sie zu pflücken. Aber beileibe noch nicht, sie zu essen. Im Rheinland verzichtet man auf den noblen Namen Maronen und nennt die kleinen Früchte in der harten, schön gemaserten braunen Schale „Kruschteie".

Ein paar Kastanien gab die Großmutter schon mal frei, um sie mit dem Rosenkohl zuzubereiten. Aber im Januar, wenn es draußen krachend kalt war, dann war die Zeit für die Kruschteie da.

Großmutter nahm ein spitzes, sehr scharfes kleines Messer aus einer Küchenschublade, die immer etwas quietschte, und begann die Kastanien eine nach der anderen auf der Unterseite kreuzweise einzuschneiden, damit sie beim Braten nicht von der Herdplatte sprangen.

Ich sehe noch, wie sie die Glut im Herd leicht nachschürte und dann die Kastanien eine nach der anderen in immer enger werdenden Kreisen auf den Herd legte. In der Mitte, wo die Hitze am größten ist, summte das Wasser im Teekessel. Langsam begannen sich der Duft und der sanfte Laut der schmorenden Äpfel mit dem etwas schärferen Geruch der bratenden Kastanien zu vermischen.

Wir saßen auf Fußbänkchen und Schemeln in der Dunkelheit und wollten kein Licht. Es genügte, dass von draußen der Schein einer Laterne in die Küche fiel. An den Fenstern wuchsen von den Rändern her Eisblumen, die wir noch mit unserem Hauch zergehen lassen konnten.

Nicht lange, dann öffneten sich die kreuzweise eingeschnittenen Kastanien und wurden gar. Wir verließen Eisblumen und Schemel und hockten uns rund um den Tisch, während die Großmutter mit dem Stocheisen für jeden glutheiße Kastanien auf einen Teller schob. Derweil die Kastanien ein wenig abkühlten, bekamen wir unseren Bratapfel, heiß mit kalter Vanillesoße oder Marmelade. Ein Essen für die Götter.

Wenn der letzte Löffel abgeleckt war, begannen wir die Kastanien zu schälen, fingerschlenkernd, denn so schnell kühlen Kastanien nicht aus. Knisternd lösten sich die braunen heißen Schalen, und die elfenbeinfarbenen Früchte, nun mehlig sanft gegart, kamen zum Vorschein und waren mild und weich und hatten einen Geschmack, der von weit her zu kommen schien, von den Küsten des Mittelmeeres. Aber das haben wir erst lange nachher erfahren.

Später kamen die Erwachsenen hinzu und erhielten auch ihren Anteil, denn die Großmutter hatte schon längst die Apfelpfanne und die Kastanien wieder nachgefüllt. Dazu ein Glas roten Wein von der Ahr.

Noch immer kein Licht. Die Straßenlaterne genügte, und roter Glutschein fiel aus der Tür des Herdes. Benommen von der Abendstunde, dem Duft der Äpfel und Kastanien, dem sich ein Hauch von Wein zugesellte, dösten wir Kinder dahin, halb eingeschläfert von dem leisen Gespräch der Erwachsenen und sehr glücklich.

Der Bruch des Deiches bei Cleverham

am 13. Januar 1809

Berichterstatter: Johann Wolfgang von Goethe

„In Jena niedergeschrieben und sofort gedruckt", kommentiert die große Goethe-Ausgabe zum 50. Todestag im Jahr 1882 die Ballade „Johanna Sebus". Die wenigen Worte kennzeichnen die leidenschaftliche Anteilnahme des Dichters an einem Zeitereignis, das damals so weithin bekannt wurde, wie heute die Medien Nachrichten tragen. Goethe, der Zurückhaltende, der sich von erregenden Ereignissen eher fern hielt, zeigt eine ungewohnte Erschütterung, wenn er schreibt: „zum Andenken der siebzehnjährigen Schönen, Guten aus dem Dorfe Brienen, die bei dem Eisgang des Rheines und dem großen Bruche des Dammes von Cleverham, Hülfe reichend, unterging". Er gibt der jungen Johanna Sebus einen zärtlichen Namen: „Schön Suschen".

Die fünf Strophen der Ballade lesen sich wie eine heutige Reportage vor Ort, atemlos in der Sprache, im Rhythmus, der nur scheinbar inhaltsgleichen, wiederkehrenden Zeilen. In jeder dieser Zeilen steigert sich die Gefahr durch das steigende, strömende, jäh stürzende, brausende Wasser. Goethe kannte den Niederrhein, seine Breite, die die Ufer so fern rückt, die Wucht des Stromes, der die Landschaft formte, und sie beherrscht und bedroht.

Er liest den Bericht anders als die Menschen im Binnenland, die an sanften kleinen Flüssen leben. Er hat die Wucht stürzenden Wasser auch erlebt auf seinen Reisen. Der Bericht, der ihm vorlag, wurde von uns wiedergefunden. Er war langatmig, fast amtlich: „Wohl wenige Dörfer am unteren Rheinstrom sind von Überschwemmungen verhängnisvoller und zerstörender heimgesucht worden als Brienen, dessen Äcker und Wiesen in früheren Jahren den besten am Niederrhein an Güte wenig nachstanden, und dessen Einwohner auch durch die Schiffahrt und die zahlreichen Besucher des anliegenden, durch den alten Rhein gebildeten Hafens eine Quelle des Wohlstandes geboten wurde."

Goethe überschlägt diese Information, auch die Erinnerung an die Winter der Jahre 1740 und 1784, in denen im Clevischen 62 Durchbrüche in Banndeichen und 25 Durchbrüche in Sommerdeichen auf beiden Rheinufern zu verzeichnen waren, 7580 Wohnungen überschwemmt und 148 fortgerissen auf einer Fläche von 10 Quadratmeilen.

Er überlässt die Schilderung der Örtlichkeit dem anonymen Chronikschreiber: „In dieser Zeit wohnte in einem südwestlich von der Spoyschleuse gelegenen Haus eine arme Witwe Catharina Sebus. Das Haus wurde geteilt von einer Tagelöhnerfamilie.

Am 13. Januar 1809 wurden die Bewohner von Brienen in der Frühe von Notschüssen und Sturmgeläut aufgeschreckt. Im Clevischen Deich war ein Durchbruch entstanden, und die wogenden Wassermassen begannen sich mit Eisschollen über das unglückliche Dorf zu stürzen."

Hier setzt Goethes Ballade ein mit der rhythmischen Wiederkehr seiner Schilderung des Naturgeschehens. Über alle Begleitumstände hinweg schreitend, beginnt er mit dem Schreckensbild des tosenden Wassers:

> Der Damm zerreißt, das Feld erbraust,
> die Fluten spülen, die Fläche saust."
> „Ich trage dich, Mutter, durch die Flut;
> Noch reicht sie nicht hoch, ich wate gut.

Hinter ihr die Notschreie der Tagelöhnerin:

> Auch uns bedenke, bedrängt, wie wir sind
> Die Hausgenossin, drei arme Kind'.
> Die schwache Frau – du gehst davon.
> Sie trägt die Mutter durchs Wasser schon,

ruft den Zurückbleibenden zu:

zum Bühle da rettet euch, harret derweil.
Gleich kehr ich zurück...

Dramatisch kehren die ersten Zeilen wieder. Aber zwei neue Worte verraten den Fortgang des Unheils:

Der Damm zerschmilzt, das Feld erbraust,
die Fluten wühlen, die Fläche saust...

Das wehrlose Hinschmelzen des geborstenen Deiches, die Fluten, die nicht mehr spülen, sie wühlen nun.

Sie setzt die Mutter auf sichres Land,

wendet sich wieder zur Flut, ungeachtet der Ängste, die sie zurückhalten wollen:

Sie sollen und müssen gerettet sein.

Rhythmisch wie das Steigen des Wassers wiederholt sich die Schilderung und steigert sich:

Der Damm verschwindet, die Welle braust
Eine Meereswoge, sie schwankt und saust.
Schön Suschen schreitet gewohnten Steg,
umströmt auch gleitet sie nicht vom Weg,
erreichet den Bühl und die Nachbarin,
doch der und den Kindern ist kein Gewinn.

Die wiederkehrenden Worte des Berichtes führen in neue Schrecken:

Der Damm verschwand, ein Meer erbraust,
den kleinen Hügel im Kreis umsausts.
Da gähnet und wirbelt der schäumende Schlund
und ziehet die Frau mit den Kindern zu Grund.

Schön Suschen steht noch strack und gut.
Wer rettet das junge, das edelste Blut?
Schön Suschen steht noch wie ein Stern.
Doch alle Werber sind alle fern.
Rings um sie her ist Wasserbahn,
kein Schifflein schwimmt zu ihr heran.
Noch einmal sieht sie zum Himmel hinauf,
dann nehmen die schmeichelnden Fluten sie auf.

Und noch einmal auch kehren die Anfangsworte der Ballade annähernd wieder, nun abgewandelt in das große Schweigen über dem Wasser:

Kein Damm, kein Feld! Nur hier und dort
bezeichnet ein Baum, ein Thurm den Ort.
Bedeckt ist alles mit Wasserschwall.
Doch Suschens Bild schwebt überall.
Das Wasser sinkt, das Land erscheint,
und überall wird schön Suschen beweint.
Und dem sei, wer's nicht singt und sagt,
im Leben und Tod nicht nachgefragt.

Kalenderblatt Februar

Bauernregeln

Lichtmess helle
bringt Mangel zur Stelle

Wenn zu Lichtmess um elf Uhr die Sonne aufs Messbuch scheint,
kommt der Dachs aus der Erde, sieht seinen Schatten und ver-
kriecht sich wieder für sechs Wochen Winterschlaf

oder

Sonnt sich der Dachs in der Lichtmesswoche,
geht er auf vier Wochen wieder zu Loche

Wie der Februar, so der August

Dem Bauer ist im Februar ein hungriger Wolf auf dem Feld
lieber als ein Arbeiter auf dem Feld im Hemd.

Dorothea (6. Februar) bringt den meisten Schnee.

„Unser vrouwen lichte misse"

Das Ende der Weihnachtszeit

Ein denkwürdiger Tag zu Beginn des Jahres. Der weihnachtliche Festkreis, der mit St. Martin und St. Nikolaus begann, der soviel Heimliches und Vertrautes, soviel Wärme und Geborgenheit, so viel Singen, Erwarten und Freuen, Lieder und Licht brachte, geht mit Mariä Lichtmess zu Ende. Vierzig Tage sind seit dem Weihnachtsfest, seit der Geburt Christi vergangen. Das Fest begeht den Tag, an dem Christus nach jüdischer Sitte im Tempel dargestellt werden musste; als erster Sohn seiner Eltern nach dem Gesetz Eigentum Gottes, wurde er zurückgekauft durch ein Opfer. Arme Eltern brachten zwei Tauben. So taten es Maria und Josef.

Im Tempel begegneten sie dem greisen Simeon, der das Kind lobpreisend in die Arme nahm. Darum heißt Lichtmess im griechisch orthodoxem Christentum „Hyapante" = Begegnung.

Die Heimat dieses Festes liegt im Osten, in Jerusalem. Eine Pilgerin Ätheria berichtet am Ende des 4. Jahrhunderts von dem Gepränge, mit dem der vierzigste Tag nach der Geburt des Herrn dort begangen wurde. Im 7. Jahrhundert wird das Fest in Rom schon feierlich mit einer Prozession bezeugt. Die öffentliche Betonung dieses kirchlichen Feiertages hat zu der Vermutung geführt, dass hier die Kirche nach mehrfach bewährtem Brauch wieder einmal ein aufwendiges geistliches Fest an die Stelle eines heidnischen Brauches setzte und mit den feierlichen Prozessionen die ausgelassenen römischen Lupercalia ablösen wollte.

Schon im 8. Jahrhundert – das wissen wir durch den englischen Benediktinermönch Beda aus der Abtei Wearmouth – trug man im Lichtmesstag bei der Prozession Kerzen; seit dem 10. Jahrhundert wurden sie in der Kirche geweiht.

Im Rheinland verband sich schon früh der kirchliche mit dem weltlichen Brauch. Man ließ Kerzen segnen und schnitt kleine Kreuzchen daraus, um sie über der Stubentür und der Stalltür zu befestigen. Uralte Magie in christlicher Gestalt. Sie sollte Mensch und Tier schützen; überdies ließen die Bauern den Tieren kreuzweise Wachs der geweihten Kerze auf das Fell tropfen, um sie vor Krankheit zu bewahren.

In Köln wurde Lichtmess schon im Jahr 1343 als „unser vrouwen lichte misse", als ein Marienfest mit feierlichen Riten begangen. Der Brauch der Kerzenprozession, lange im Rheinland erhalten, begann erst in der zweiten Hälfte des 20. Jahrhunderts in einigen Städten zu versiegen.

Vorher schon war auch weltlicher Brauch zum Lichtmesstag mit der Verstädterung des Lebens erloschen. Das Fest war ehemals Beginn eines neuen Dienstboten- und Gesindejahres gewesen. Und auch die Rechnung für ein neues Jahr an Früchten und Erträgnissen begann am 2. Februar.

Im bürgerlich-neuzeitlichen Haushalt aber war lange Zeit Lichtmess der letzte Tag für den Weihnachtsbaum. Behutsam wurden Kugeln, Kerzenhalter und glitzernde Ketten wieder in ihre Behältnisse geborgen. Heute machen planmäßige Müllabfuhrtage den rieselnden Tannenbäumen ein schnelles Ende.

Aber das 20. Jahrhundert hat auch einen neuen Brauch gebracht. Der Tannenbaum wird oft mit dem Wurzelballen gekauft; und wenn seine Zeit im Hause mit Lichtmess spätestens zu Ende ist, wird er in den Garten gepflanzt, um dort Wurzel zu fassen.

Der letzte Festtag am 3. Februar gilt dem hl. Blasius. Abermals treten Kerzen in Aktion. Der Priester hält sie gekreuzt den Gläubigen vor und bittet den Heiligen um Schutz vor Halskrankheiten, denn St.Blasius, Bischof von Sebaste in Armenien, soll ein Kind, dem eine Fischgräte im Hals stecken geblieben war, vor dem Tod gerettet haben.

Im Rheinland, das ja immer einen besonderen Bezug zwischen Himmel und Erde hat, zählt man den Blasiussegen wie auch das Aschenkreuz zu den sehr beliebten sogenannten „Kölnischen Sakramenten", die ohne Gewissenserforschung entgegen genommen werden können.

In der Eifel aber rollte man am 3. Februar die ersten aus
Stroh gewundenen Feuerräder zu Tal und reimte:

Wir schieben das Rad auf Blasiustag,
wir machen den Anfang zur Fasenacht.

Und damit wäre wohl die äußerste Grenze des rheinischen
Winterbrauchtums erreicht und der Anschluss an eine neue, die
sogenannte „fünfte Jahreszeit" gefunden.

Der Strom stand still

Der Eisgang des Rheines im Jahr 1929

Man schrieb das Jahr 1929, als die Kölnische Zeitung meldete: „Der Rhein steht. Vereisung von Holland bis zum Bodensee." Nacheinander frieren auch die Nebenflüsse vom Neckar bis zur Ruhr. Und nun folgt ab Mitte Februar bis zum 12. März ein dramatischer Bericht dem anderen. Die Meldungen übersteigern einander. Bilder einer arktischen Landschaft füllen die Zeitungen. Gläserne Scheinhelligkeit von Schnee und Mond steht über dem Rheintal. In der trüben Mittagssonne glitzert es gespenstig über dem Eis. Schweigen der Erstarrung verbreitet sich. Stark ist die Eisdecke, kein Ton verkündet mehr das strömende Wasser darunter. Nur Schnee oder Schollenabbruch knirschen unter dem Fuß, der das Eis zu betreten wagt.

Eisiger Nordwind fegte über das stumme Rheintal. Er brachte die Sturmvögel des Meeres mit. Hunderte und aber Hunderte von Möven flüchteten bei der ungewöhnlich strengen Kälte ins Binnenland, ruhlos, hungergepeitscht, ließen sich da und dort nieder, wo noch schmale Wasserrinnen bestanden, kamen zum Ufer, bettelten um Brot. Graugänse, Höckerschwäne und Singschwäne, nie zuvor im Rheinland gesichtet, fielen in Scharen ein, kreischten über dem Strom, stürzten sich auf die mit Wintersaat ruhenden Felder, hackten sie mit ihren harten Schnäbeln auf und fraßen sie kahl. Stare, die zu früh gekommen waren, hockten auf den Obstbäumen des Vorgebirges, fielen erfroren zu Boden. Minus 17 Grad.

In den Rheinhäfen ging nichts mehr. Schiffe, die die schützenden Plätze noch erreicht hatten, lagen eingefroren. Insgesamt waren 11.000 Kähne und 2300 Schiffe bewegungslos vom Eis umschlossen. Der Rhein, sonst Lebensader des Landes, war eine tote Verkehrsstraße.

Wer nah am Ufer wohnte, hatte die Vereisung kommen sehen. Der Pegelstand war ungewöhnlich niedrig gewesen, kein

Regen, kein Schnee. Als die ersten Eisschollen kamen, fanden sich täglich viele Menschen auf den Promenaden ein. In der Bonner Gegend kannte man die Abfolge: Zuerst kamen weißgraue Schollen, dann die transparent grünen Schollen von der Mosel. Es bildete sich Saumeis an den Ufern, wuchs und wuchs Zentimeter um Zentimeter. Um die mächtigen Pfeiler der Rheinbrücken von Koblenz bis Emmerich stauten sich die Schollen, bildeten einen festen Ring, der breiter und breiter wurde. Meldungen kamen vom oberen Mittelrhein. Wo der Fluss schmal war, drängten sich die Schollen schon bald zur festen Decke. Von St. Goar aus wird der erste Rheinübergang zur Loreley gemeldet. Wer kennt den mächtigen, drohenden Felsen nicht? Das Bild ging damals um die Welt: Eine glitzernde Fläche, auf der wenige schwarze Vögel hockten, darüber steil aufsteigend die Felswand.

Menschen bahnten sich einen Weg hinüber, vorbei an hoch und bizarr aufgetürmten Eisschollen in Ufernähe.

Am 18. Februar stand der Rhein auch bei Bonn. Die Fahrrinne zwischen der Insel Nonnenwerth und dem Ufer war ohnedies längst zugefroren. Die erste Bonner Rheinbrücke mit den mächtigen burgähnlichen Aufbauten spannte sich über den bewegungslosen Fluss wie eine drohende Silhouette in dem Graugelb der halbnebligen Wintertage. Die ersten Menschen überquerten auch hier den Rhein. Man schoss kuriose Fotos von den Mutigen. Männer posierten mit Melone und dunklem Mantel, Frauen im Pelz und zärtlicher Hilfsbedürftigkeit, wie der General-Anzeiger Bonn textete. Das Eis sollte bis zu 40 cm dick und also tragfähig sein. Selbst am Niederrhein, wo der Strom seine größte Breite hat, kam er zum Stillstand. Zwischen den Städten Cleve und Emmerich wurde nach langem Zögern der Rhein an seiner breitesten Stelle frei gegeben zum Übergang auf einem vorsorglich gebahnten Weg. Die Zeit war begrenzt vom Sonnenaufgang bis Sonnenuntergang. 15.000 Menschen sollen das Jahrhundertereignis einer Rheinüberquerung zu Fuß zwischen Cleve und Emmerich wahrgenommen haben.

Im französischen Kriegsministerium, das ja immer einen

Blick auf den Rhein hatte, war errechnet worden: Bei vier Zentimeter schon trägt die Eisdecke einen Mann mittleren Gewichtes, wenn er allein hinüber geht, bei 9 cm eine Kompanie Infanterie, bei 12 cm kleine Geschütze, bei 14 cm mittlere und bei 29 cm ein Artillerieregiment. Keiner hatte damals Grund, diese Rechnung zu überprüfen. Man befand sich genau zwischen den beiden Weltkriegen des Jahrhunderts.

Was man zuerst stumm angestaunt hatte, wurde zur Sehenswürdigkeit. Sonderzüge und Busse fuhren am Rhein entlang. Es gab Eisfeste auf Rhein und Mosel, derweil in manchen Städten, so auch in Bonn, die Kohlen knapp wurden. Das Heizmaterial langte nicht einmal mehr, um die öffentlichen Gebäude zu versorgen. Heizstuben für die Ärmsten wurden gerade noch offen gehalten.

Ein Eiswachtdienst war am ganzen Strom eingerichtet. Der Bonner Abschnitt reichte von Andernach bis Wesseling. In Düsseldorf kam es zu einem dramatischen Zwischenfall: Die Männer vom Eiswachtdienst hatten einen Mann auf einer Eisscholle liegend entdeckt. Es gelang ihnen noch, ihn im Stadtbereich an Land zu holen. Der Arbeiter Johann Kelzer, der sich auf der Scholle hatte forttreiben lassen, war erfroren. Vier junge Leute indes, die wegen einer Wette um tausend Mark von Unkel bis Köln per Eisscholle reisen wollten, erreichten ihr Ziel. Sie hatten sich allerdings gut abgesichert, die Eisscholle mit einem Holzrahmen umgeben und zogen ein Boot hinter sich her für alle Fälle. Ihnen hat die Eiswacht kräftig die Leviten gelesen, und die Strompolizei drohte, sie nicht an Land zu lassen.

Sie hatten ihren Weg schon durch Schollen nehmen können, denn die strengste Kälte hatte nachgelassen.

8. März: Der Strom kam wieder in Bewegung, und damit kamen neue Gefahren. Das Eis brach und barst mit einem Krachen, das zuweilen wie Gewehrschüsse über den Rhein hallte. Es riss und trieb auf dem befreiten Wasser rheinab mit ungeheuerer Gewalt und nahm die Schiffe mit. Trossen rissen wie Bindfäden. Wo Kähne an Bäumen vertäut gelegen hatten, wurden die Stämme geknickt wie Streichhölzer. Treibende Schollen

steuerten auf die noch haltenden festen Flächen zu und bildeten gewaltige Eisbarrieren, so bei Orsoy. Bei Emmerich, wo man noch vor wenigen Tagen den Rhein überqueren durfte, geriet eine Eisfläche von einem Kilometer in Bewegung. Schiffe, die am Ufer eingefroren waren, wurden wie Spielzeugschachteln verschoben und zusammengedrückt.

Von Holland her arbeiteten sich Eisbrecher vor, weit aufwärts auf deutschem Gebiet. Der Regierungspräsident in Düsseldorf ordnete die Sprengung der aufgestauten Eismassen an. Sprenglöcher wurden gebohrt. Das Eis war vierzig Zentimeter tief. Starke Dynamitladungen zerrissen die Eisdecke, brachen die übereinander getürmten Schollen. Donnernder Widerhall erschreckte die Menschen in den Städten und Dörfern. Am 12. März begann die Schifffahrt wieder. Die Nebenflüsse blieben bis zum 1. April vom Eis bedeckt.

Achtzehn Jahre später fror der Rhein erneut zu im zweiten Nachkriegsjahr 1947. Wieder konnte man zu Fuß über den Strom gehen. Die wenigsten dachten daran. Keine malerischen Bilder mehr wie anno 1929, keine Touristensensation. Der Hunger hatte die Menschen im Griff. In den Städten vegetierten sie mit 800 Kalorien am Tag, zu wenig zum Leben, wenig genug zum Sterben. In Bonn wurden 200 Hungerödeme festgestellt. Manche endeten tödlich. Kein Heizmaterial. Bäume wurden in Anlagen und Alleen und im Kottenforst geplündert.

Aber sechs Wochen später feierten die Bonner die erste Kirmes nach dem Krieg auf dem Frankenplatz. So war auch dieser Winter bestanden und das rheinische Gleichgewicht wieder hergestellt.

Literatur

ADAC: Schatzkammer Deutschland, 1980

Becker, Hubert: Mehr als ein durchtrennter Mantel. Kirchenzeitung Köln, 45/00

Beitel, Richard: Deutsche Volkskunde, 1933

Bott, Karl Heinz: Gerresheim und seine Basilika, 1986

Clemen, Paul: Die älteste Schicht des rheinischen Volksglau-
bens. Geschichtliche Landeskunde, Heft 3/1929

Döring, Alois: Christkindumgang, 1987

Hümmler, Hans: Helden und Heilige, 1954

Keller, Hiltgart: Heilige und biblische Gestalten. Reclams Lexikon, 1984

Kolb, Karl: Der Weihnachtsbogen, 1997

Krug, Helmut: Auf die freundliche Nähe Gottes verlassen.
Kirchenzeitung Köln, 5/01

Läufer, Erich (Hrsg.): Gottes gotisches Haus am Niederrhein,
1998

Leson, Willi: So lebte man am Niederrhein, 1970

Melchers, Carlo: Die Heiligen – Geschichte und Legende

Müller, Michael: Studien über Brauch und Sitte am Niederrhein, 1985

Rost, Dietmar und Joseph Machlake: „Mein Herz. . ."

Weber-Kellermann, Ingeborg: Das Weihnachtsfest

Wolf, Helga Maria: Das Brauchbuch

Wolf, Irmgard und Manfred Engelhardt: Kleine Chronik der Rheinlande, 1996

Wolf, Irmgard und Manfred Engelhardt: Kleine Kulturgeschichte der Rheinlande, 1998

Wrede, Adam: Rheinische Volkskunde

Zender, Mathias: Gestalt und Wandel.

Von Irmgard Wolf und Manfred Engelhardt
ebenfalls lieferbar bei *Avlos*

Kein Wort zuviel

Autobiographie
273 Seiten, kartoniert, ISBN 3-929634-58-9

Kultur und Geschichte des Rheinlandes mit den Schauplätzen
Bonn, Krefeld, Düsseldorf, Rheinhausen, Kalkar, Kevelaer und
Xanten und eine enge Beziehung zur flämischen Kultur kennzeichnen den Berufsweg der 1913 geborenen Journalistin Irmgard Wolf. Geprägt von alter rheinischer Familientradition, erlebte sie alle Höhen und Tiefen des 20. Jahrhunderts. Der Vater,
Redakteur und Demokrat der ersten Stunde, vererbte der Toch-
ter die Leidenschaft für das aktive Teil nehmen am Zeitgesche-
hen. Er fiel zu Beginn des ersten Weltkriegs. 25 Jahre später,
Irmgard Wolf hatte gerade ihren Schreibtisch beim Bonner General-Anzeiger bezogen, begannen die Nationalsozialisten die
Meinungsfreiheit zu ersticken. Die junge Redakteurin setzte sich
aus rheinischem Kulturbewusstsein ein für den Erhalt bürgerli-
cher und geistiger Werte. Als nach dem Krieg Kohle und Stahl
das Wirtschaftswunder anheizten, lebte sie – nun verheiratet – in
der Industriestadt Rheinhausen, wieder aktiv in der Berichter-
stattung, zugleich die Geschichte der eigenen Familie nieder-
schreibend in dem Roman „Seide, Glanz der Frauen". Rückkehr
nach Bonn, jetzt Bundeshauptstadt, und neue journalistische
Perspektiven in der Diplomatenszene Bad Godesbergs und in
der flämischen Partnerstadt Kortrijk. – Manfred Engelhardt er-
gänzt das Buch wirkungsvoll durch Kurzportraits der Schauplät-
ze und historischen Ereignisse.

. . . und im November 2002 erscheint:

Rheinische Bräuche von Karneval bis Erntedank

ca. 160 S., Klappenbroschur, ISBN 3-929634-61-9
ab 1. November 2002 in Ihrer Buchhandlung

Nachdem das erfolgreiche Autorengespann Wolf/ Engelhardt schon für die Winter- und Weihnachtszeit viel Überraschendes aus den Archiven ans Licht gebracht hat, sind sie auch für die „grüne" Zeit des Jahres mehr als fündig geworden. Schon das Auftakt-Kapitel über den rheinischen Karneval liest sich spannend und unterhaltsam wie ein Krimi. Endlich einmal wird uns gesagt, was es mit dem Elften im Elften auf sich hat, wann es mit dem Karneval los ging und welche Bedeutung er hatte.

Für jeden Folgemonat bis Oktober gibt es ein Kalenderblatt. In den zugeordneten Kapiteln lesen wir vom Hungertuch, von Ostereier-Bräuchen, Maibaum-Sitten, Wallfahrten, der Bedeutung der Kirmes (Kirchweih) – und auch das original rheinische Sauerbraten-Rezept fehlt nicht, sondern wird so ausführlich erklärt, wie es dieses aufwendige Gericht verlangt.

Und da schon die Mutter Manfred Engelhardts Spezialistin für Rhein-Sagen war und ein Buch darüber schrieb, konnten die Autoren aus dem Vollen schöpfen und uns einmal die wichtigsten Sagen zwischen Bingen und Kleve zusammentragen.

Sie bekommen die Bücher des *Avlos* Verlages bei Ihrem Buchhändler. Weisen Sie ihn, falls nötig, auf nachstehende Auslieferungsadresse hin:

Avlos c/o GVA Gemeinsame Verlagsauslieferung
z. Hd. Frau Krause • Postfach 20 21 • 37010 Göttingen
Tel. (0551) 48 71 77 • Fax (0551) 4 13 92
e-mail: krause@gva-verlage.de

Informationen zum Programm des *Avlos* Verlages im Internet:

www.avlos.de